2024年度版

金融業務**2**級

事業再生コース

試験問題集

一般社団法人 金融財政事情研究会

◇ は じ め に ◇

　本書は、金融業務能力検定「金融業務2級　事業再生コース」を受験される方の学習の利便を図るためにまとめられた試験対策問題集です。

　近年、人口減少や地域経済の縮小に加えて、コロナ禍による事業環境の変化に対応できず、窮境に陥る企業も少なくありません。これらの窮境企業の抜本的な経営改善を支援するために、金融機関の職員にとって事業再生に関する基本的な知識は欠かすことができないものです。

　本検定試験の「金融業務2級　事業再生コース」では、金融機関のコンサルティング機能の強化に資するよう、近年の激変する経済環境に適応できずに窮境に陥った企業の事業・財務再構築に必要な再生計画策定・実行能力の検証を意図しています。したがって本書においても、現場で必要とされる能力等を身に付けることに重点を置いた問題を厳選して掲載しています。

　また、事業再生に関する知識をより深めるために、本書だけでなく、基本教材である通信講座『営業店のための事業再生と転廃業支援がよくわかる講座』（一般社団法人　金融財政事情研究会）に取り組むことをお勧めします。

　本書を有効に活用して、「金融業務2級　事業再生コース」試験に合格され、日常の業務に活かされることを願ってやみません。

2024年3月

一般社団法人　金融財政事情研究会

検定センター

◇◇目　次◇◇

第4章　事業再生のための会計・税務

〈法令基準日〉

　本書は、問題文に特に指示のない限り、2024年4月1日（基準日）現在施行の法令等に基づいて編集しています。

◇CBTとは◇

　CBT（Computer-Based Testing）とは、コンピュータを使用して実施する試験の総称で、パソコンに表示された試験問題にマウスやキーボードを使って解答します。金融業務能力検定は、一般社団法人金融財政事情研究会が、株式会社シー・ビー・ティ・ソリューションズの試験システムを利用して実施する試験です。CBTは、受験日時・テストセンター（受験会場）を受験者自らが指定できるとともに、試験終了後、その場で試験結果（合否）を知ることができるなどの特長があります。

本書に訂正等がある場合には、下記ウェブサイトに掲載いたします。

https://www.kinzai.jp/seigo/

―― 〈判　例〉 ――

（最二小判昭45.4.10民集24巻4号240頁）
　　A　　　　B　　　　　C

A…裁判所と裁判の種類を示す。

　最…最高裁判所（「最大」は最高裁判所大法廷、「最二小」は最高裁判所
　　　第二小法廷を示す）

　高…高等裁判所

　大…大審院

　判…判決

　決…決定

B…裁判（言渡）年月日を示す。

C…登載誌およびその登載箇所を示す。

　民録…大審院民事判決録

　民集…最高裁判所（大審院）民事判例集

　金法…金融法務事情

「金融業務2級 事業再生コース」試験概要

■受験日・受験予約　　通年実施。受験者ご自身が予約した日時・テストセンター（https://cbt-s.com/examinee/testcenter/）で受験していただきます。

受験予約は受験希望日の3日前まで可能ですが、テストセンターにより予約可能な状況は異なります。

■試験の対象者　　「事業再生チーム」などの本部専担者、営業店の支店長、融資・渉外・法人担当の役席者

※受験資格は特にありません

■試験の範囲　　1．債務者企業の分析と状況把握　2．事業再生計画の策定と実行　3．事業再生の各種手法　4．事業再生のための会計・税務　5．総合問題

■試験時間　　120分　試験開始前に操作方法等の案内があります。

■出題形式　　四答択一式30問、総合問題10題

■合格基準　　100点満点で70点以上

■受験手数料（税込）　　11,000円

■法令基準日　　問題文に特に指示のない限り、2024年4月1日現在施行の法令等に基づくものとします。

■合格発表　　試験終了後、その場で合否に係るスコアレポートが手交されます。合格者は、試験日の翌日以降、「事業再生アドバイザー」の認定証をマイページからPDF形式で出力できます。

■持込み品　　携帯電話、筆記用具、計算機、参考書および六法等を含め、自席（パソコンブース）への私物の持込みは認められていません。テストセンターに設置されている鍵付きのロッカー等に保管していただきます。メモ用紙・筆記用具はテストセンターで貸し出されます。計算問題については、試験画面上に表示される電卓を利用することができます。

■受験教材等　　・本書
・通信教育講座「営業店のための事業再生と転廃業支援がよくわかる講座」

■受験申込の変更・ 　キャンセル	受験申込の変更・キャンセルは、受験日の3日前まで マイページより行うことができます。受験日の2日前 からは、受験申込の変更・キャンセルはいっさいでき ません。
■受験可能期間	受験可能期間は、受験日の3日後から当初受験申込日 の1年後までとなります。受験可能期間中に受験（ま たはキャンセル）しないと、欠席となります。

※金融業務能力検定・サステナビリティ検定の最新情報は、一般社団法人金融財政事情研究
　会のWebサイト（https://www.kinzai.or.jp/kentei/news-kentei）でご確認ください。

第1章

債務者企業の分析と状況把握

1－1 事業環境分析

《問》中小企業の事業再生のための債務者分析に関する次の記述のうち、最も適切なものはどれか。
1）事業再生のための債務者分析においては、財務面の分析が重要であり、経営者の資質、技術力などの定性面の分析によって債務者の実態を把握する必要はない。
2）事業再生のための債務者分析を行う際には、貸借対照表上の資産および負債の各勘定の簿価のみならず、時価を確認し、時価ベースの純資産額を把握する必要がある。
3）事業再生のための債務者分析において、長期的な収支見通しが困難な場合は、マイルストーン（主要管理点）を達成するまでの中期（3年程度）の資金繰り計画を作成し、当該資金繰り計画に沿って厳格に進捗管理を行う必要がある。
4）事業再生のための債務者分析において、分析の正確性よりも、分析の迅速性に比重を置く状況ということは起こりえない。

・解説と解答・

1）不適切である。定性面と財務など定量面のバランスのとれた分析が重要である。
2）適切である。債務者分析においては、滞留する売掛金や在庫の有無、遊休不動産の含み損益、固定資産の減価償却不足、子会社等への貸付金の回収見込み、退職給付引当金の計上不足などを踏まえた実態純資産の把握が重要である。
3）不適切である。事業再生のための債務者分析において、長期的な収支見通しが困難な場合は、最初のマイルストーンを達成するまでの当面（数カ月程度）の資金繰り計画を作成し、マイルストーン達成のつど、次のマイルストーン達成までの資金繰り計画を更新することを繰り返していく必要がある。
4）不適切である。事業再生においては、債務者企業には時間的な余裕がない場合が多く、倒産危機などのネガティブな風評が広がるのを防ぐ必要がある。このため、分析の正確性よりも、分析の迅速性に比重を置かざるを得ない状況もありうる。

<u>正解　2）</u>

1－2　デューディリジェンス

《問》デューディリジェンス（DD）に関する次の⑦～㊉の記述のうち、不適切なものはいくつあるか。1）～4）のなかから選びなさい。

⑦ DD は限られた時間の中で、効率的かつ効果的に実施するため、調査目的を明確にし、優先順位をつけることが重要である。

④財務 DD は、経営や事業の詳細調査であり、①市場環境、競合状況、②ビジネスモデル、業績推移、SWOT 分析などを行い、再生可能性の判断材料を得ることが狙いである。

⑰ DD の実施にあたっては、その過程や結果に基づき、当該企業と金融機関などの関係者が、経営実態の認識、今後の事業再生の方向などについてコミュニケーションを深め、より効果的な事業計画の策定と実行につなげることが期待される。

㊉ DD とは、組織、事業、財務、法務など様々な観点から、企業の現状等の調査を行うことである。

1）0（なし）

2）1つ

3）2つ

4）3つ

・解説と解答・

デューディリジェンス（DD）とは、組織、事業、財務、法務など様々な観点から、企業の現状等の調査を行うことであり、それを踏まえて事業再生計画を策定することになる。

⑦適切である。なお、公認会計士や中小企業診断士などの外部専門家に依頼して実施するのが一般的である。

④不適切である。財務 DD は、資金繰りの確認、過年度の損益状況や調査基準日の貸借対照表などを分析し、財務の実態を把握し、事業再生計画にかかる金融支援手法や経済合理性に関する判断材料を提供するものである。記述の内容は、事業 DD の内容である。

⑰適切である。

㊉適切である。

したがって、不適切なものは1つなので、2）が正解となる。　<u>正解　2）</u>

デューディリジェンスとは

　具体的な事業計画を策定する前に債務者の事業・財務の状況を調査することが不可欠である。財務的な側面から対象企業の実態を調査するために財務デューディリジェンス（財務DD）を、経営の状況や将来の見通し、改善余地などを調査するために事業デューディリジェンス（事業DD）を行う。

①　財務DD

　財務DDにおいては、債務者企業の実態貸借対照表（実態ＢＳ）を作成する。決算上、適切な会計処理が行われていない場合には、適切な処理を行い、会計上問題はない場合でも当該時点における実態を踏まえた姿に反映させる。

　また、損益状況を把握するために、各期における決算処理の過程で利益調整が行われている場合にはこれを修正して、正常な収益力とともに、当該事業から生み出すキャッシュフローがどの程度のものかを確認する。

　これらの結果、実質債務超過額、現状での債務超過解消年数や債務償還年数を見積もることができ、財務状況を改善するために、債権放棄などの抜本的な金融支援をどの程度必要とするかを検討する際の基礎資料とする。

②　事業DD

　事業DDにおいては、債務者企業の窮境原因について、外部的な要因（経済環境、市場環境、競争環境など）と内部的な要因（業務・収益構造、ガバナンス、人材など）の観点から分析し、その過程で把握することができた債務者企業の強みと弱みを踏まえて、窮境原因の除去可能性と収益構造の見直し余地を確認する。これらの結果を踏まえて、具体的な改善策と実行計画（アクション・プラン）を立案し、事業計画に落とし込む。

1－3　予兆管理

《問》予兆管理に関する次の記述のうち、最も不適切なものはどれか。
1）売上の減少原因を分析する場合、売上の総額のみならず、売上の構成要素（部門別、店舗別、得意先別、商品別など）を個別に分解し、原因を分析することが有用である。
2）売上高総利益率（粗利率）の低下の主な原因は、競争激化による単価下落や、商品・サービス内容の構成比の変動（単価の低い商品・サービスの割合の増加）といった販売単価に起因するものと、仕入原価の高騰や製造工程における歩留まりの悪化、商品廃棄率の悪化といった原価に起因するものとに分けられる。
3）製造業や建設業については、原価を分析することが重要であり、原価を構成する代表的な勘定科目は、人件費、販売促進費、広告宣伝費、交際費である。
4）棚卸資産（在庫）の回転期間の長期化は、在庫の不良化のほかに、架空在庫の計上や売上原価の計上漏れといった不適切な会計処理等の問題が生じている可能性がある。

・解説と解答・

1）適切である。売上の構成要素の分析により、企業の強み、弱みの一層の理解につながる。
2）適切である。
3）不適切である。製造業や建設業において原価を構成する代表的な勘定科目は、材料費、労務費、外注費、減価償却費である。なお、人件費（給与手当、役員報酬）、販売促進費、広告宣伝費、交際費は、販売費および一般管理費の代表的な勘定科目である。
4）適切である。棚卸資産の回転期間の過去からの推移を分析し、大きな変動がある場合は原因を把握することは重要である。

正解　3）

1－4　SWOT分析

> 《問》SWOT分析は、企業を取り巻く経営環境を、企業経営へ及ぼす影
> 響に応じて「強み」、「弱み」、「機会」、「脅威」に分類する手法であ
> る。SWOT分析に関する次の記述のうち、最も不適切なものはど
> れか。
> 1）他社と比較して自社の競争力を生み出している源泉は「強み」に分
> 　　類され、他社と比較して自社が劣っている要因は「弱み」に分類さ
> 　　れる。
> 2）顧客の消費行動や市場動向が自社に有利に変化する事象は「強み」
> 　　に分類され、外部環境の変化によって生じる自社事業のリスクは
> 　　「脅威」に分類される。
> 3）他社の技術革新による画期的新商品の登場、海外からの低価格品の
> 　　流入は、いずれも「脅威」に分類される事例である。
> 4）IT技術の進歩による市場拡大、高齢化社会の進展による自社製品
> 　　の需要拡大は、いずれも「機会」に分類される事例である。

・解説と解答・

1）適切である。自社の競争力を生み出している源泉は、自社に有利な内部環
　境要因であり、SWOT分析において「強み」に分類される。自社が抱え
　ている問題点や他社より遅れをとっている要因は、自社に不利な内部環境
　要因であり、SWOT分析において「弱み」に分類される。

2）不適切である。顧客の消費行動や市場動向が自社に有利に変化する事象
　は、自社に有利な外部環境要因であり、SWOT分析において「機会」に
　分類される。外部環境の変化によって生じる自社事業のリスクは、自社に
　不利な外部環境要因であり、SWOT分析において「脅威」に分類される。

3）適切である。他社の技術革新による画期的新商品の登場、海外からの低価
　格品の流入は、いずれも自社に不利な外部環境要因であり、SWOT分析
　において「脅威」に分類される事例である。

4）適切である。IT技術の進歩による市場拡大、高齢化社会の進展による自
　社製品の需要拡大は、いずれも自社に有利な外部環境要因であり、
　SWOT分析において「機会」に分類される事例である。

正解　2）

1－5　所要運転資金（Ⅰ）

《問》次の〈資料〉を前提とする場合、前期から当期にかけての所要運転
　　資金の増減額として、下記1）〜4）のうち最も適切なものはどれ
　　か。
〈資料〉

			前期	当期
平均月商			400百万円	500百万円
売上原価率（平均）			75％	80％
回収条件	売掛期間		1.0カ月	1.2カ月
	売掛金の回収割合	現金	25％	20％
		手形	75％	80％
	手形サイト		3.0カ月	4.0カ月
支払条件	買掛期間		2.0カ月	3.0カ月
	買掛金の支払割合	現金	20％	40％
		手形	80％	60％
	手形サイト		2.0カ月	3.0カ月
在庫期間			2.5カ月	3.0カ月

（注）　売上は全額掛売による（現金等による売上はない）ものとし、仕
　　　入は全額掛仕入による（現金等による仕入はない）ものとする。
（注）　回収条件としての売掛期間・手形サイトは平均月商に対する期間・
　　　サイトを表し、支払条件としての買掛期間・手形サイトは平均月仕
　　　入高に対する期間・サイトを表すものとする。また、在庫期間は平
　　　均月仕入高に対する期間を表すものとする。
　1）前期比で、30百万円増加した。
　2）前期比で、80百万円増加した。
　3）前期比で、450百万円増加した。
　4）前期比で、510百万円増加した。

・解説と解答・

所要運転資金＝売上債権（売掛金、受取手形）＋在庫－買入債務（買掛金、支払手形）

(1)　前期の所要運転資金額

　　①売上債権　　＝受取手形＋売掛金
　　　　　　　　　＝平均月商400百万円×手形回収割合75％×手形サイト
　　　　　　　　　　3カ月＋平均月商400百万円×売掛期間1カ月
　　　　　　　　　＝1,300百万円
　　②在庫（＋）　＝平均月商400百万円×売上原価率75％×在庫期間2.5カ月
　　　　　　　　　＝750百万円
　　③仕入債務（－）＝支払手形＋買掛金
　　　　　　　　　＝平均月商400百万円×売上原価率75％×手形支払割合
　　　　　　　　　　80％×手形サイト2カ月＋平均月商400百万円×売上原
　　　　　　　　　　価率75％×買掛期間2カ月
　　　　　　　　　＝1,080百万円
　　所要運転資金額（①＋②－③）＝970百万円……（A）

(2)　当期の所要運転資金額

　　①売上債権　　＝受取手形＋売掛金
　　　　　　　　　＝平均月商500百万円×手形回収割合80％×手形サイト
　　　　　　　　　　4カ月＋平均月商500百万円×売掛期間1.2カ月
　　　　　　　　　＝2,200百万円
　　②在庫（＋）　＝平均月商500百万円×売上原価率80％×在庫期間3カ月
　　　　　　　　　＝1,200百万円
　　③仕入債務（－）＝支払手形＋買掛金
　　　　　　　　　＝平均月商500百万円×売上原価率80％×手形支払割合
　　　　　　　　　　60％×手形サイト3カ月＋平均月商500百万円×売上原
　　　　　　　　　　価率80％×買掛期間3カ月
　　　　　　　　　＝1,920百万円
　　所要運転資金額（①＋②－③）1,480百万円……（B）

(3)　所要運転資金額は、前期比（（B）－（A））で、510百万円増加した。

正解　4）

1－6　所要運転資金（Ⅱ）

《問》下記の資料に基づくＡ社の所要運転資金の額として正しいものは、次のうちどれか。

- 平均月商：200百万円
- 売上原価率：80％
- 在庫期間：1カ月
- 売上条件：月末締め、翌月15日回収（最長45日、最短15日）
- 回収条件：現金10％、手形90％（手形サイト4カ月）
- 仕入条件：月末締め、翌月末支払（最長60日、最短30日）
- 支払条件：現金30％、手形70％（手形サイト2カ月）
- 1カ月は30日で計算し、売上、仕入とも、毎日同額発生するものとする。

1) 656百万円
2) 616百万円
3) 536百万円
4) 456百万円

解説と解答

(1)　回収サイクル

①在庫

平均月商200百万円×売上原価率80％×在庫期間１カ月＝160百万円

②売掛金

平均月商200百万円×売掛サイト１カ月＝200百万円

※例えば、毎月１日の売上は翌月の15日に回収され（最長45日）、月末
の売上は翌月の15日に回収される（最短15日）。このため、平均売掛
サイトは１カ月である（最長45日と最短15日の平均＝30日）。

③受取手形

平均月商200百万円×手形回収率90％×手形サイト４カ月＝720百万円

④合計

160百万円＋200百万円＋720百万円＝1,080百万円

(2)　支払サイクル

①買掛金

平均月商200百万円×売上原価率80％×買掛サイト1.5カ月＝240百万円

※例えば、毎月１日の仕入は翌月末の支払となり（最長60日）、月末の
仕入は翌月末の支払となる（最短30日）。このため、平均買掛サイト
は1.5カ月である（最長60日と最短30日の平均＝45日）。

②支払手形

平均月商200百万円×売上原価率80％×手形支払率70％×手形サイト２カ
月

＝224百万円

③合計

240百万円＋224百万円＝464百万円

(3)　所要運転資金

1,080百万円－464百万円＝616百万円

正解　2）

1－7　事業価値（I）

《問》事業価値評価の手法に関する次の記述のうち、最も不適切なものは
どれか。

1）正常収益力分析において使用するフリーキャッシュフロー、利払前
税引前償却前利益（EBITDA）などは、損益計算書に含まれる非
経常的・臨時的な項目を控除して算出する必要がある。

2）比準方式による事業価値評価において評価倍率を設定する際には、
評価対象企業の類似企業（業界平均に近しい企業）を1社のみ厳選
して選定する必要がある。

3）株主資本コストと他人資本コストを資本構成に応じて加重平均して
算定される加重平均資本コスト（WACC）は、DCF法における割
引率として使用することができる。

4）DCF法による事業価値評価を行う場合は、予想期間の最終年度末
の時点における残余価値を見積もる必要がある。

・解説と解答・

1）適切である。

2）不適切である。比準方式による事業価値評価を行う場合の類似企業は、事
業内容、事業規模等の観点において評価対象企業と類似する企業として選
定される。類似企業は、1社のみ選定するのではなく、数社から十数社程
度を選定することが望まれる。

3）適切である。

4）適切である。

正解　2）

1－8 事業価値（Ⅱ）

《問》事業価値評価の手法に関する次の記述のうち、最も不適切なものは
どれか。
1）正常収益力分析は、経費削減等の改善計画、事業計画の感度分析等
の検討の基礎となり、事業価値を高めるための施策立案の重要な情
報となる。
2）時価純資産法による事業価値評価は、将来の収益獲得能力は反映さ
れていない価格となる。
3）比準方式による事業価値評価のデメリットは、事業の継続価値を把
握する際に、将来の収益獲得能力を反映させることができないこと
である。
4）収益方式による事業価値評価は、事業が生み出す将来の利益または
キャッシュフローに基づき事業価値を算定する方式であり、事業の
継続を前提とした評価に適している。

・解説と解答・

1）適切である。
2）適切である。時価純資産法による事業価値評価は、ある一時点で資産の時
価総額から負債の時価総額を差し引いて株主資本価値（総資産）を企業価
値とする方法である。計算は単純ではあるが、将来の収益獲得能力は反映
されない。
3）不適切である。比準方式とは、類似上場企業の株価、事業価値等を参照し
て企業評価を行う手法である。一般に類似上場企業の株価、事業価値等に
は、将来の期待収益見通しが反映されるため、将来の収益獲得能力を反映
させたうえで、事業の継続価値を把握できる。
4）適切である。収益方式による事業価値の評価は、事業が生み出す将来の利
益またはキャッシュフローに基づき事業価値を算定する手法であり、事業
の継続を前提とし、将来的な変動を反映させた評価に適している。

正解　3）

1－9　事業性の評価

《問》事業性評価において実施する「技術力の評価」「販売力の評価」に
関する次の記述のうち、最も不適切なものはどれか。
1）当該企業が保有する技術力が市場から適正な評価を受け、販売価格
や役務提供の対価として反映されているかどうかについて検証する
必要がある。
2）優れた技術力をもつ企業で、その源泉として特定個人の技術力に全
社の技術力が依存している場合は、「優れた技術をもつ個人が適切
に評価されているか」「その個人が高齢である場合は技術の伝承が
組織として行われているか」などについても留意する必要がある。
3）優れた技術力をもつ企業で、その源泉がインフラや生産設備にある
場合は、優位性を保持するために、適切に維持・更新の投資が行わ
れているかについて留意する必要があり、さらに技術革新により既
存設備が陳腐化する等の環境変化がないかについても把握しておく
必要がある。
4）有能な営業担当者がいること、または組織的な営業管理体制が構築
することの少なくとも一方が充足される企業は、安定的な利益確保
が可能である。

・解説と解答・

1）適切である。
2）適切である。
3）適切である。
4）不適切である。有能な営業担当者がいる企業でも、組織的な営業管理体制
が構築されていない場合には、企業が目指す利益を確保できない事態が発
生するおそれがある。このため、原材料単価や労務単価など押さえておく
べき客観的な指標が周知されているか、他部署との連携は円滑に行われて
いるか、などについてもヒアリング等により把握する必要がある。

<u>正解　4）</u>

1-10 事業再生ADR（Ⅰ）

《問》事業再生ADRに関する次の記述のうち、最も適切なものはどれか。
1）事業再生ADRにおける一時停止の通知は、産業競争力強化法に基づく認証を受けた「特定認証紛争解決事業者」と裁判所が連名で発するものである。
2）事業再生ADRにおける金融支援（返済条件の変更、債権放棄、債務の株式化等）および事業再生計画は、対象となる金融債権者の3分の2以上の賛成により決議される。
3）事業再生ADR手続中に行う、事業継続に不可欠なつなぎ融資については、日本政策投資銀行が保証を行うものとされている。
4）事業再生ADR手続中に事業の継続に必要な新規融資（無担保）が実施され、その返済がなされる前に会社更生手続に移行した場合、当該新規融資に基づく貸付債権は更生債権となり、更生計画における権利変更に際して一定の要件を満たしていれば、他の更生債権に優先して弁済される。

・解説と解答・

1）不適切である。事業再生ADRにおける一時停止の通知は、産業競争力強化法に基づき認証を受けた「特定認証紛争解決事業者」と債務者企業が連名で発するものである。事業再生ADRにおいては、特定認証紛争解決事業者と債務者企業が連名により一時停止の通知を発した後に、原則として2週間以内に概要説明のために第1回債権者会議が開催される。事業再生ADRにおける一時停止の通知とは、対象債権者（金融債権者等）に対し、弁済受領、相殺、物的・人的担保供与の要求、法的倒産手続開始申立ての禁止等を求める通知のことである。
2）不適切である。事業再生ADRは、主として金融債権者（金融機関等）を対象とした私的整理の手続であり、対象債権者全員の同意による決議を経て、金融支援（返済条件の変更、債権放棄、債務の株式化等）を行うものである。
3）不適切である（産業競争力強化法51条）。中小企業基盤整備機構が保証を行う。
4）適切である。事業再生ADR手続中に実施した新規融資に基づく貸付債権

は、無担保債権であれば会社更生手続に移行した場合には更生債権となる。その際の優先弁済の蓋然性を高めるため、特定認証紛争解決事業者が、事業再生ADR手続中の新規融資について、「①事業の継続に欠くことができないこと、②事業再生ADR手続の対象債権者全員が、当該債権者の既存融資よりも優先的に取り扱うことの同意を得ていること」を確認する（産業競争力強化法56条1項）。

　その後、会社更生手続が開始され、事業再生ADR手続中に実施した融資に基づく貸付債権と他の更生債権（対象債権者の同意の際に当該債権者に保有されていた債権に限る）との間に、権利の変更の内容に差を設ける更生計画案が提出された場合において、裁判所は、「同一の種類の権利を有する更生債権者等の間に差を設けても衡平を害しない」かどうか（会社更生法168条1項ただし書）を判断するに際して、上記①②が確認されていることを考慮することとされている（産業競争力強化法58条）。上記①②を考慮して裁判所が「他の更生債権に優先して弁済されても衡平を害しない」と判断すれば、当該貸付債権は他の更生債権よりも優先した弁済を受けることが可能である。

正解　4）

1-11 事業再生ADR（Ⅱ）

《問》事業再生ADRに関する次の記述のうち、最も適切なものはどれか。
1）事業再生ADRは、対象債権者が単独で一時停止の通知を発送することができる。
2）事業再生ADRにおける対象債権者は銀行等の金融機関に限定されているため、貸金業者やサービサー等の債権者を対象とする場合には、他の私的整理手続もしくは法的整理手続による再生に移行する必要がある。
3）上場会社が事業再生ADRを利用する場合、直ちに上場廃止となる。
4）事業再生ADRの成立のためには、債権者会議における対象債権者全員の同意が必要とされる。不同意の債権者が存在した場合には、裁判所に特定調停を申し立てることで、裁判所または裁判官による調整を期待することができる。

・解説と解答・

1）不適切である。事業再生ADRの手続においては、債務者と特定認証紛争解決事業者が連名で一時停止の通知を発する。
2）不適切である。事業再生ADRにおいては原則として金融機関のみが対象とされているものの、貸金業者、債権の譲受人、債権回収会社（サービサー）、その他相当と認められる債権者を対象とすることもできる。
3）不適切である。実質的上場廃止基準に抵触しない限り、上場の維持が可能である（有価証券上場規程（東京証券取引所）第601条）。
4）適切である。事業再生ADRの成立のためには、債権者会議において対象債権者全員の同意を得る必要がある。不同意が1社でも存在した場合には、事業再生ADRが終了する。その後、反対の対象債権者またはすべての対象債権者を相手方として特定調停を利用する、または法的整理手続（民事再生、会社更生、破産など）の利用が想定されている。

正解　4）

1－12　中小企業活性化協議会

《問》中小企業活性化協議会による事業再生支援に関する次の記述のうち、最も不適切なものはどれか。

1）中小企業活性化協議会は、収益力改善、経営改善、事業再生、再チャレンジまで、幅広く経営課題に対応する公正中立な機関であり、47都道府県に設置されている。

2）中小企業活性化協議会が再生支援を行うか否かを判断する際には、債務者企業の事業や財務の状況などの確認および企業経営者との面談が行われるが、主要債権者への意向の確認は行われない。

3）再生支援において組成される個別支援チームには、原則として公認会計士または税理士が含まれる。

4）中小企業活性化協議会を利用するスキームにおける再生計画は、その成立後最初に到来する事業年度開始の日からおおむね3年以内を目処に黒字転換すること、5年以内を目処に実質的債務超過を解消すること、再生計画の終了年度における有利子負債の対キャッシュフロー比率が概ね10倍以下となる等を目指したものである。

・解説と解答・

1）適切である。各都道府県に設置された中小企業活性化協議会は、相談企業と金融機関との間に立ち、公正中立の立場から、各種金融調整、再生計画の策定支援、経営者等の保証債務整理援等を行う。

2）不適切である。中小企業活性化協議会の再生支援においては、債務者企業からの申出に基づく企業経営者との面談（窓口相談による第1次対応）の後、再生支援（第2次対応）を行うことが適当であると判断した場合には、相談企業の承諾を得て、主要債権者に対し、財務及び事業の状況並びに再生可能性を説明し、主要債権者の意向を確認する。主要債権者の意向を踏まえ、再生支援を行うことが不相当ではないと判断した場合には、再生支援を行うことを決定する（中小企業活性化協議会実施基本要領　別冊2　再生支援実施要領）。

3）適切である。個別支援チームに含める外部専門家には、原則として公認会計士または税理士を含めることとし、債権放棄等の要請を含む再生計画の策定を支援することが見込まれる場合には、弁護士および公認会計士を含

めることとする（中小企業活性化協議会実施基本要領 別冊2 再生支援実施要領）。

4）適切である（中小企業活性化協議会実施基本要領 別冊2 再生支援実施要領）。

<u>正解　2）</u>

1－13　地域経済活性化支援機構（Ⅰ）

《問》地域経済活性化支援機構（REVIC）による事業再生支援に関する次の記述のうち、最も不適切なものはどれか。
1）REVIC の業務には、債務者企業の事業再生支援のほか、金融機関やその支援・投資先である事業者に対する専門家の派遣、金融機関と共同した地域活性化ファンドの運営、地域活性化や事業再生ファンドに対する LP 出資、企業債務と経営者の保証債務の一体整理等がある。
2）再生支援の申込みは、対象事業者と取引金融機関等の債権者との連名により行われる。
3）REVIC による再生支援決定には、原則として、申込事業者が再生支援決定から5年以内に「生産性向上基準」および「財務健全化基準」を満たすことが見込まれる必要がある。
4）REVIC による再生支援が決定された場合、再生支援を受ける事業者の名称は必ず公表される。

・解説と解答・

1）適切である。
2）適切である。再生支援の申込みは、事業再生計画を添付のうえ、取引金融機関と対象事業者の連名で行う。なお、対象事業者とともに申込みを行う債権者は、いわゆるメイン金融機関ではなく、複数の金融機関や再生を主導する金融機関、スポンサーとなる事業者でも差し支えない。
3）適切である。REVIC による再生支援決定基準の1つとして、原則として、申込事業者が再生支援決定から5年以内に「生産性向上基準」と「財務健全化基準」の双方を満たすことが見込まれる必要がある。
4）不適切である。大規模事業者以外は、事業者名等を公表することなくREVIC の支援を受けることが可能である。なお、関係者の合意があれば公表することもできる。

正解　4）

1 −14　地域経済活性化支援機構（Ⅱ）

《問》地域経済活性化支援機構（REVIC）による事業再生支援業務に関する次の記述のうち、最も不適切なものはどれか。

1 ）債務者企業の事業再生に REVIC を活用する利点として、REVIC による債務者企業への出資・融資等の資金提供が可能なことが挙げられる。

2 ）REVIC が支援を決定するためには、原則として、支援申込企業が再生支援決定から10年以内に一定の生産性向上基準および財務健全化基準を満たすことが必要である。

3 ）金融機関は、REVIC の再生支援決定を受けた債務者企業に対する債権放棄額を貸倒損失として税務上の損金に算入することができる。

4 ）REVIC の再生支援決定後、関係金融機関等が REVIC に債権を売却する場合の価格は、再生支援決定に係る事業再生計画を勘案した適正な時価に基づき算定される。

● 解説と解答 ●

1 ）適切である（株式会社地域経済活性化支援機構法22条 1 項 2 号）。

2 ）不適切である。再生支援決定が行われると見込まれる日から 5 年以内に 2 つの基準を満たす必要がある（株式会社地域経済活性化支援機構支援基準Ⅰ. 1 . ⑵）。

3 ）適切である。

4 ）適切である（株式会社地域経済活性化支援機構支援基準Ⅱ. 3 ）。

正解　2 ）

1−15　産業競争力強化法

《問》産業競争力強化法に関する次の記述のうち、最も適切なものはどれ
　　　か。

1）会社が保有する複数の子会社の株式を現物出資して新たな会社を設
　　立する場合、産業競争力強化法に基づく事業再編計画の認定を受け
　　ることにより、現物出資により出資される財産に関する検査役の調
　　査またはこれに代わる弁護士等の証明手続を不要とすることができ
　　る。

2）産業競争力強化法に基づく事業再編計画の認定を受けて会社の合併
　　を行う場合、合併を行う当事者の一方が他方当事者の総議決権の過
　　半数の議決権を有していれば、株主総会特別決議を経ずに取締役会
　　決議で合併をすることができるが、会社法に基づく債権者保護手続
　　は必要となる。

3）産業競争力強化法に基づく事業再編計画の認定を受けて事業譲渡を
　　行う場合、事業譲渡を行う当事者が、債権者に対して通知をすれ
　　ば、それをもって事業を構成する債務を事業譲受会社に移転させる
　　ことができる。

4）産業競争力強化法に基づく事業再編計画の認定を受けて第三者割当
　　増資を実施する場合、資本金増加に係る登記について登録免許税の
　　軽減措置を受けることはできない。

・解説と解答・

1）適切である（産業競争力強化法26条1項、会社法33条10項）。

2）不適切である（産業競争力強化法28条1項4号、2項）。略式組織再編の
　　際に一方の会社が他方の会社の3分の2以上の議決権を保有していれば
　　（共同認定の際には複数事業者が保有する議決権を合算し3分の2以上）、
　　株主総会特別決議が省略できる。

3）不適切である。株式会社が産業競争力強化法に基づく認定を受けた事業再
　　編計画に従って事業譲渡を行う場合においては、当該会社が債権者に対し
　　て通知（催告）し、一定の期間内（少なくとも1カ月）に異議がなければ
　　債権者の同意があったものとみなすという方法により、当該会社の債務を
　　免責的に事業の譲受会社に移転させることが可能とされている（産業競争

力強化法32条)。

4）不適切である（租税特別措置法80条1項1号）。軽減措置の適用を受ける
ことが可能である。

正解　1）

1－16　中小企業成長促進法

《問》2020年10月に施行された「中小企業の事業承継の促進のための中小
　　　企業における経営の承継の円滑化に関する法律等の一部を改正す
　　　る法律」（中小企業成長促進法）の内容に関する次の記述のうち、
　　　最も不適切なものはどれか。
1）経営者保証が事業承継の障壁となっている事業者が、承継に併せて
　　保証債務を借り換える際の資金に対して、経営者保証を求めない保
　　証制度（経営承継借換関連保証）が追加（既存の事業承継特別保証
　　による保証限度枠とは別に、特例として最大2.8億円を保証）された。
2）事業承継等に伴う事業拡大により、中小企業要件を満たさなくなっ
　　た事業者に対し、地域経済牽引事業計画期間（5年以内）中は中小
　　企業者とみなし、中小企業向け支援（法律上の特例）を継続するこ
　　ととされた。
3）海外拠点の分散化の促進のため、中小企業の海外子会社に対して、
　　日本政策金融公庫が直接融資を行う制度（クロスボーダーローン制
　　度）が新設された。
4）本法令における中小企業要件では、業種に限らず、①資本金または
　　出資の総額が1億円以下の中小企業者、もしくは②常時使用する従
　　業員数が100人以下、のいずれかを満たすことが求められる。

・解説と解答・

1）適切である。2020年4月開始の事業承継特別保証制度とは別枠で最大2.8
　　億円を保証するものである。
2）適切である。中小企業向け支援策として、中小企業信用保険法の特例（保
　　証枠の別枠措置）や日本政策金融公庫による海外展開支援（スタンドバ
　　イ・クレジットなど）等がある。
3）適切である。中小企業等経営強化法に基づく「経営革新計画」ないし「経
　　営力向上計画」、地域未来投資促進法に基づく「地域経済牽引事業計画」
　　の承認を受けた国内中小企業者等の海外子会社が貸付対象となる。
4）不適切である。他の法令等による中小企業要件と同じく、業種により求め
　　られる資本金または出資の総額、常時使用する従業員数は異なる。

正解　4）

1−17　事業再生ファンド（Ⅰ）

《問》事業再生ファンドに関する次の記述のうち、最も不適切なものはどれか。

1 ）事業再生ファンドの機能には、対象会社に対する議決権を伴う普通株式出資や金融機関からの貸付債権の取得等を通じ、当該企業の事業再生の取組みに主体的に関与し、事業の改善や経営組織面の強化を行うことがあげられる。

2 ）一般的な事業再生ファンドのスキームは、金融機関や公的機関が出資によりファンドを組成し、事業再生の経験が豊富な投資会社等が、投融資の判断を行い、投資や債権取得先企業の事業改善、債権の回収を行うなど、ファンド運営に責任を持つものである。

3 ）投資ファンドへの投資額（資金の拠出枠）を投資家ごとにあらかじめ定め、投資家に対して、必要とされる資金の拠出を必要とされる都度要請する方法を、レバレッジ・ファイナンスという。

4 ）事業再生ファンドの投資対象が株式の場合、当該株式の上場や他社への売却により、エグジット（投資の回収）をはかる。

・解説と解答・

　事業再生ファンドは、出資により当該企業の過半の議決権を取得し、直接経営に関与する、あるいは金融機関から貸付債権を取得し主要債権者として対象企業の再生の取組みに関与する。投資事業有限責任組合として組成されたファンドにおいては、金融機関や中小機構などの公的機関が有限責任組合員（LP出資者）としてファンドを組成し、無限責任組合員であるファンド運営会社（GP会社）が投資判断や投資先企業の事業改善を行う。実務的には、金融機関が事業再生を必要とする取引先をGP会社に紹介することはあるが、ファンドの投資判断はGP会社の裁量であり、当該金融機関は関与しない。事業再生ファンドは、一定期間（たとえば3〜5年）で正常収益力の改善（売上の強化、固定費の削減など）や経営組織体制（取締役会の機能強化、決裁権限や人事制度の整備、管理会計の強化など）を整える。

1 ）適切である。

2 ）適切である。一般に、事業再生ファンドのLP出資者は、GP会社に投資判断を委ね、ファンドの意思決定には直接関与しない。

3）不適切である。キャピタルコール方式という。LP出資者は、ファンド組成時に全額の資金を拠出するのではなく、個別案件の投資の進捗に合わせて資金を拠出をする。

4）適切である。事業再生ファンドとしては、一定期間内に企業価値を向上する見込みがあり、かつエグジットが可能であることが投資を行ううえでの条件となる。事業再生ファンドのエグジット手段としては、投資対象が株式の場合には、上場や、他の事業会社への売却が典型例である。事業会社ではなく、別のファンド（事業再生を脱した成長段階を得意とするファンドなど）が新たな投資家となることもある。

正解　3）

1−18　事業再生ファンド（Ⅱ）

《問》事業再生ファンドに関する次の記述のうち、最も不適切なものはどれか。

1）事業再生ファンドが対象会社の過半の議決権を有する株式投資を行うにあたり、当該会社の債務超過の額が大きい場合には、金融機関からの借入金の一部を債権カットし、経営者責任、株主責任を明確化したうえで、投資を行う。

2）金融機関がリスケジュール（元本弁済猶予）により経営の自主再建を図ったものの、収益改善と過剰債務解消が実現できなかった場合、事業再生ファンドをスポンサーとする再生手法は事態を打開する方策の一つといえる。

3）事業再生ファンドがスポンサーとなった場合、投資対象会社の事業の収益改善には長期を要することから、株式の売却によるエグジットという手法はとらない。

4）中小企業基盤整備機構は、地域金融機関等と連携して中小企業再生ファンドを組成し、中小企業の再生支援を行う。

・解説と解答・

本問における事業再生ファンド（以下「ファンド」）は、出資により過半の議決権を取得するEquity型を想定している（ファンドには、他に金融機関から貸付債権をディスカウントで取得して再生を担う債権取得型などがある）。

金融機関にとり、対象会社の事業再生にファンドが関与する主たるメリットは以下の通りである。

①　自主再建が困難な場合、経営権をファンドが担い、ニューマネーと事業改善等に長けた人材の派遣等により、一定期間で抜本的な事業改善を行い、安定した収益化が図れること。

②　金融機関は長期間のリスケに比べ早期の債権回収を図れること。

③　ファンドが対象会社の経営を安定させると、将来の事業見通しがたてやすくなり、ファンドが株式を売却してエグジットする際に事業会社がM＆A候補として関心を持つことも多く、長期的な事業の継続を図れること。

④　事業再生ファンドがLBOファイナンスで資金調達をする場合は新たな

ファイナンスの機会となること。

一方で、デメリットとしては、以下があげられる。

　①　多くの場合、過剰債務を収益に見合う適正規模に債権カットを伴うので、債権放棄損が生じうること。

　②　ファンドがスポンサーとなるため、既存の取引金融機関が変更される可能性があること。

　③　債権カットに伴い経営者・株主責任の観点から、経営者の交代を一般的に求められ、また経営者の個人保証が履行されるため、それを経営者が判断するには時間を要すること。

1）適切である。事業再生ファンドが対象会社に出資するにあたり、過剰債務の状態であった場合、相応の事業改善をしても株式価値が十分上がらず、有意な投資リターンが期待できないことから、借入金の一部カットにより過剰債務を解消することが、出資を検討するうえで重要な論点となる。また、経営のガバナンス（過半の議決権や取締役構成など）を前提とすることが多く、経営者の退陣、株式の大幅な減資なども前提条件となることが一般的である。

2）適切である。経営の自主再建が計画通りに進まず再建の見通しが不透明な状態が長期間続くと、事業の劣化が進み、再生が困難となることもある。一方で、自主再建から事業再生ファンド等の外部スポンサーによる再生に切り替えることが抜本的な事業の立て直しのきっかけになることもあり、事態を打開する方策の1つといえる。

3）不適切である。事業再生ファンドは、一定期間（たとえば3〜5年）で正常収益力の改善や経営組織体制を整えると、事業会社などに株式を売却しエグジットすることが多い。事業が悪化した企業は、事業の先行きが不透明で簿外債務リスクもありうることから、事業会社がスポンサーとなる投資はしづらいため、事業再生ファンドが一定期間で経営改善した後に事業会社がスポンサーとして投資することが一般的である。

4）適切である。地域における事業再生支援機能の強化を図るため、中小企業基盤整備機構が地域金融機関等と連携し、出資や債権買取機能を有する事業再生（中小企業再生）ファンドを組成し、中小企業者の再生を支援する。

<u>正解　3）</u>

1－19　特定調停

《問》特定調停に関する次の⑦〜④の記述のうち、適切なものはいくつあ
るか。1）〜4）のなかから選びなさい。

⑦　特定調停の申立ては、相手方（債権者）の住所、居所、営業所ま
たは事務所の所在地の区域を受け持つ地方裁判所に行う。

④　特定調停は、私的整理手続に位置づけられるが、裁判所の一定の
関与が前提とされているという点で手続の透明性、債権者間の公平
性について一定の担保がされている。

⑦　事業再生ADRや中小企業活性化協議会などの準則型私的整理手
続において、主要な債権者が事業再生計画案に賛成したものの、一
部の債権者が同意しなかった場合に、特定調停により、反対債権者
の同意を得て事業再生計画を成立させる利用も想定されている。

④　特定調停は、債務の返済ができなくなるおそれのある債務者（特
定債務者）の経済的再生を図るため、特定債務者が負っている金銭
債務に係る利害関係の調整を行うことを目的とする手続である。

1）1つ
2）2つ
3）3つ
4）0（なし）

・解説と解答・

⑦　不適切である。地方裁判所ではなく、簡易裁判所である。

④　適切である。調停は裁判官が務める調停主任と民事調停委員による調停委
員会が行い（ただし裁判所が相当であると認めるときは裁判官により行うこ
とができる）、当事者間で合意が成立し、調書に記載したときに調停が成立
する。裁判所は、調停が成立する見込みがない場合において相当であると認
めるときは、調停委員の意見を聞き、職権で解決のために必要な決定をする
ことができ（いわゆる17条決定）、2週間以内に異議が出されなければ、当
該決定が裁判上の和解と同一の効力を有する。

⑦　適切である。

㋓　適切である。なお、日本弁護士連合会では、中小規模の事業者の再生を念頭に3種類の「特定調停スキーム利用の手引」（①事業者の事業再生を支援する手法、②経営者保証に関するガイドラインに基づく保証債務整理の手法、③事業者の廃業・清算を支援する手法）を策定している。

したがって、適切なものは3つなので、3）が正解となる。

<u>正解　3）</u>

1−20　中小企業の事業再生等に関するガイドライン

《問》「中小企業の事業再生等に関するガイドライン（令和4年4月より
　　　適用）」（以下、「本ガイドライン」という）に関し、正しい説明の
　　　組合せとして、最も適切なものはどれか。1）〜4）のなかから選
　　　びなさい。

> ㋐　本ガイドラインは、中小企業者と金融機関等の間の合意に基づ
> 　き、金融債務について返済猶予、債務減免等を受けることにより、
> 　当該中小企業者の円滑な事業再生だけでなく、廃業を行うことを目
> 　的に定められた私的整理手続である。
> ㋑　本ガイドラインでは、対象債権者のうち、債務者に対する金融債
> 　権額が上位のシェアを占める債権者は、中小企業者から本手続の利
> 　用を検討している旨の申出があったときは、誠実かつ迅速にこれを
> 　検討し、主要債権者と中小企業者は、相互に手続の円滑で速やかな
> 　進行に協力する、とされている。
> ㋒　本ガイドラインでは、一時停止の要請を行うに際しては、①一時
> 　停止要請が書面によるものであり、かつ、全ての対象債権者に対し
> 　て同時に行われており、②中小企業者が、手続開始前から債務の弁
> 　済や経営状況・財務状況の開示等に誠実に対応し、対象債権者との
> 　間で良好な関係が構築されていること、の2つの要件が整った際に
> 　誠実に対応するもの、とされている。
> ㋓　本ガイドラインでは、事業再生計画案について全ての対象債権者
> 　から同意を得ることができないことが明確となった場合は、第三者
> 　支援専門家は、本手続を終了させるものとする、とされている。

1）㋐、㋑、㋒
2）㋐、㋑、㋓
3）㋐、㋒
4）㋑、㋒、㋓

・解説と解答・

　中小企業の事業再生等に関するガイドラインの対象は、中小企業者とされて

おり、小規模企業者や個人事業主も含まれる。また、学校法人や社会福祉法人
など会社法上の会社でない法人についても、その事業規模や従業員数などの実
態に照らし適切と考えられる限りにおいて、対象となる。金融機関にとって
は、同ガイドラインで基づき策定された事業再生計画により債権放棄等（債権
放棄および債務の株式化）については、損金の額に算入されるとされている。
なお、同ガイドラインに関わる第三者支援専門家は、独立して中立かつ公正・
公平の立場で支援を行うため、対象中小企業者の顧問弁護士等を第三者支援専
門家として選任することはできない。

⑦　適切である。

⑦　適切である。

⑦　不適切である。本ガイドラインでは、一時停止の要請を行うに際しては、
　　選択肢の2つの要件に加えて、「事業再生計画案に債務減免等の要請が含
　　まれる可能性のある場合は、再生の基本方針が対象債権者に示されている
　　こと」があげられている。

㋑　適切である。

正解　2）

第 2 章

事業再生計画の策定と実行

2－1　事業再生計画（Ⅰ）

《問》事業再生を迫られている企業に関する次の記述のうち、最も不適切なものはどれか。

1）事業再生計画を遂行する途上で資金不足が生じる懸念がある場合は、資金が必要とされる時期と資金調達の必要額を把握し、資金調達が可能か否かを見極めなければならない。

2）事業再生計画の中心的な施策は、BS 視点での不採算事業部門の整理または譲渡、債権放棄やスポンサーからの出資金受け入れなどに加え、PL 視点での、事業が生み出すキャッシュフローの増強策、経費削減（人件費、物件費カット等）を実現するための具体的施策である。

3）事業再生計画の策定を必要とする企業は、一般に物的・人的な経営資源が限られているため、多岐にわたる施策に同時並行で取り組むことになれば、進捗管理が不十分となり、期待した結果が得られない可能性がある。

4）経営危機に陥った企業の再生を効果的・効率的に実施していくためには、当該企業ではなくメインバンクや外部コンサルタントが主体的に事業再生計画を策定し、当該企業に対して事業再生のための施策の実施を指示する必要がある。

・解説と解答・

1）適切である。

2）適切である。事業再生は、事業そのものが継続的にキャッシュフローをあげられる体質に転換してはじめて実現される。単に資産や事業を売却・処分し、人員削減と経費カットを行っただけのリストラ策は一時的な延命策にすぎない。事業や経営そのものに改革のメスを入れ、継続的にキャッシュフローを生み出せる体質に変革して、はじめて本質的な再生を図ることができる。

3）適切である。

4）不適切である。事業再生計画の必要性を示唆するのは、メインバンクであったとしても、最終的に事業再生の作成（決定）と実行をするのは、危機に陥った企業自身である。そのため、メインバンクや外部コンサルタン

ト等の外部機関は、企業側が事業再生の計画の検討と作成に主体的に取り組み、企業の事業再生が円滑に行われるよう外部から支援することが、本来の外部機関のあるべき姿勢である。

<u>正解　4）</u>

2－2　事業再生計画（Ⅱ）

《問》中小企業の事業再生計画の策定に関する次の記述のうち、最も不適
切なものはどれか。

1）再生計画を策定する前段階で、メインバンク等が事業再生の取組み
の必要性について、経営者に肚（はら）落ちをしてもらい、再生計
画の策定プロセスにおいて外部のコンサルタント任せではなく、経
営者の関与を求める。

2）再生計画を策定した後段階で、再生計画を確実に実行するアクショ
ンプランを作成し、例えば社内の各部門で月単位の個別具体的なア
クションに落とし込み、再生計画を社内で浸透させるとともに、そ
の進捗につき PDCA サイクルを回せるようにする。

3）事業再生計画の範囲には、売上の拡大、コストの削減など事業面の
改善のほか、管理会計の強化による部門や顧客ベースでの収益の把
握や計画の進捗の管理、権限の明確化による経営者の属人的な判断
の排除、経営者が高齢な場合の後継者の考え方など、経営組織体制
の強化も含まれる。

4）再生計画では、収益力の向上や債務超過の解消、借入金の弁済目途
（債務償還年数）が重要であり、資金繰りについては取引金融機関
が対応をするので当該債務者企業は検討する必要はない。

・解説と解答・

1）適切である。外部のコンサルタント任せになり、経営者の当事者意識が欠
けた計画になると、計画の実行に対する経営者の責任感が薄くなり、結果
再生計画が未達になる可能性が高まる。

2）適切である。再生計画は、全社ベース、年単位での大きな施策であるの
で、それをブレイクダウンし、例えば、各部門で、月単位や週単位で取り
組むアクションを明確にし、その進捗を経営陣が確認しながら、次のアク
ションに取り組むことが重要である。再生計画を策定し、金融支援につき
金融機関の同意を得ることがゴールではなく、実行を継続する体制を整
え、永続的な経営や事業の強化につなげることが重要である。

3）適切である。事業面のみならず経営組織面での課題を経営者が認識し、改

善することが自律的な事業体制につながる。

4）不適切である。金融支援を取引金融機関に求める場合、再生計画を策定
し、その進捗が確認できるまでは、取引金融機関は新規の融資に消極的な
ことも多い。再生計画の策定にあたっては、①短期の資金繰り（再生計画
の策定期間中の赤字運転資金、リストラ資金など）、②中長期の資金繰り
（必要な修繕、増加運転資金、事業効率のためのシステム導入資金など）
を確認し、対象会社の営業キャッシュフローで対応できるのか、遊休資産
や投資有価証券の売却などの余地はあるか、足元の再生計画の進捗などを
踏まえたうえで当該債務者企業が取引金融機関と協議をする必要がある。

<u>正解　4）</u>

コラム

事業再生に向けたストラクチャーと事業再生計画

1　事業再生のストラクチャー（自主再建型か、スポンサー型か）

　債務者企業に有用な経営資源があり、自助努力によって事業の改善を図ることができるような場合には、債務者企業の経営主体（経営者や株主）に実質的な変更を要しない自主再建型を選択することが通常である。

　他方、市場環境や競争環境から、自助努力によっては事業の改善を図ることが困難であるような場合には、他企業の資本傘下に入ったり、他企業に事業を売却するなど、経営主体に実質的な変更を要するスポンサー型を選択することがある。スポンサー型を選択する場合、対象債権者などのステークホルダーの理解を得るために、選定手続の公正性（競争入札の実施など）や選定理由の合理性（スポンサー支援の内容・金額、経営関与の程度、取引先・従業員の扱いなど）を確保することが求められる。

2　事業再生計画

　事業計画と再建のストラクチャーを踏まえ、対象債権者に要請する金融支援要請の内容と弁済計画を決定する。金融支援要請の内容としては、大別すると、リスケジュール型と債権カット型に分けることができる。

　リスケジュール型については、一定期間の元本据置（融資残高維持）、分割弁済の期限や分割弁済額の見直し、利息（率）の見直しが中心となる。

　債権カット型については、債権放棄、DES（デッド・エクイティ・スワップ）、DDS（デッド・デッド・スワップ）に分けられる。債権放棄は、対象企業から見れば債務の免除を受けるものであり、直接に対象債権者から債務免除を受ける手法と、採算部門を会社分割や事業譲渡により譲渡して不採算部門のみが残った対象企業（旧会社）を特別清算や破産させることにより実質的に債務免除を受ける手法（第二会社方式）がある。

　DESは、債務の株式化であり、債務を資本に振り替えることである。対象企業としては元本・利息の支払いを免れることで債権放棄と同様の効果を得られ、対象債権者としても対象企業がその後再生を果たしたときには対象企業に当該株式を有償取得させるなどして企業価値向上によるアップサイドを享受することができる点でメリットがある。

　DDSは、債務の劣後化のことであり、債務そのものは減免されないものの、

他の既存債務よりも返済が後回しになることから、キャッシュフローの改善に一定の効果がある。対象債権者としても、返済が劣後されるとしても回収可能性が残る点でメリットがある。

2 - 3　事業再生計画の要員適正化

> 《問》事業再生に取り組む企業における要員適正化（要員計画）の検討方
> 　法に関する次の記述のうち、最も適切なものはどれか。
> 　1 ）必要性の高い業務への取組手法が非効率であるために要員数が過剰
> 　　　となっている場合は、まず人員削減を行うことを最優先とし、その
> 　　　後に、情報システム導入により業務の効率化を行うという手順を踏
> 　　　むべきである。
> 　2 ）人員数と雇用形態別人件費単価が同業他社と同等であるにもかかわ
> 　　　らず、売上高人件費比率が同業他社より高い場合は、雇用形態ミッ
> 　　　クス（パート比率、契約社員比率等）を同業他社や業界平均等と比
> 　　　較検証する必要がある。
> 　3 ）要員の適性化を見る際に同業態の労働生産性と自社の労働生産性を
> 　　　比較する方法があるが、一般に、労働生産性は「付加価値額÷正社
> 　　　員（正職員）数」で算出される。
> 　4 ）むだな業務、必要性の低い業務等を行っているために要員数が過剰
> 　　　となっている場合は、研修・教育プログラムの充実を図るととも
> 　　　に、自己研鑽を奨励することによって、過剰となっている従業員の
> 　　　能力向上と生産性向上を両立させる必要がある。

・解説と解答・

1 ）不適切である。必要性の高い業務への取組手法を効率化するための対策に
　　は時間とコストがかかることが多く、事業再生中の企業が取り組むには限
　　界がある。また、適正要員数まで人員削減を行ったうえで、情報システム
　　導入により業務の効率化を行うという手順は現実的ではなく、現場の反発
　　や生産性の低下が懸念される。

2 ）適切である。同業他社と比較して売上高人件費比率が高い要因としては、
　　人員数が多いこと、人件費単価が高いこと、雇用形態ミックスが不適当で
　　あること等が考えられる。

3 ）不適切である。一般に、労働生産性は、「付加価値額÷常時従業員数」で
　　算出され、常時従業員数には、一定の雇用期間を超えて雇用したパートや
　　アルバイト等も含まれる。

4 ）不適切である。要員数が過剰となっている原因は、「①むだな仕事、必要

性の低い仕事が存在する」、「②必要性の高い仕事であるが、仕事の方法が非効率となっている」、「③必要性の高い仕事であるが、担当者の仕事遂行能力が低い」等の事象と考えられる。むだな業務、必要性の低い業務等を行っているために要員数が過剰となっている場合は、業務の優先順位付けを行い、取り止める業務を明確化したうえで適正要員数を設定する必要がある。

<u>正解　2）</u>

2－4　数値計画

> 《問》事業再生計画における数値計画の策定に関する次の記述のうち、最も不適切なものはどれか。
>
> 1）数値計画を策定することで、個別施策の実施効果を定量的に見極め、各施策の効果を確認し、施策の取捨選択の判断材料とすることができる。
> 2）自主再建を断念し、私的整理ないし法的整理へと再生の基本進路を変更する際に数値計画が判断材料とされる。
> 3）数値計画のうち売上計画は、事業再生計画全体に与えるインパクトが非常に大きく、かつ売上見通しは予測しやすいので、精緻かつ綿密に策定する必要がある。
> 4）金融機関など外部の関係者に対して数値計画を提示することにより、再生までの道筋を具体的な数値で説明することが可能となるため、事業再生に対する理解を得やすくなる。

・解説と解答・

1）適切である。

2）適切である。

3）不適切である。売上計画の策定において、売上が低下している事業・製品、伸びている事業・製品のいずれにおいても、将来の売上計画の見通しについて注意が必要となる。売上は、企業にとっての一番の収益の源泉であり、事業再生計画全体に与えるインパクトが非常に大きい反面、経済情勢の変化や顧客の状況、競合先の動向等外部的な要因により定まる場合が多く、不確かで、数値計画のうちもっとも見通しが立てづらいといわれている。その意味からも、売上計画の策定においては、将来の売上動向について十分に留意する必要がある。

4）適切である。

正解　3）

２－５　採算分析

《問》事業再生計画における採算分析に関する次の記述のうち、最も不適
　　切なものはどれか。
　１）事業再生計画を策定する際に実施する採算分析は、単に赤字分野を
　　　発見するためだけに実施するものではなく、赤字の要因を多面的に
　　　検討し、当該赤字分野に関する収支改善、撤退、縮小、売却等の意
　　　思決定の判断材料を得るために実施するものである。
　２）事業再生計画を策定する際に実施された採算分析に基づき赤字とさ
　　　れた事業について、中期的に収益貢献する可能性が高いと考えられ
　　　る場合は、必ずしも早期の撤退、売却等を決定する必要はない。
　３）事業再生計画を策定する際に採算分析を実施するためには、分析対
　　　象期間等の分析精度などを考慮したうえで、再生対象とされる事業
　　　の実態把握に必要とされるデータを特定し、収集する必要がある。
　４）事業再生計画を策定する際に採算分析を実施する場合は、再生対象
　　　とされる事業の経営規模や事業構造の複雑性にかかわらず、すべて
　　　の事業について同程度の高い分析精度が求められる。

解説と解答

１）適切である。
２）適切である。採算分析の結果として赤字とされた事業であっても、中期的
　　には収益貢献する可能性が高いと考えられる場合は、直ちに整理対象とし
　　ないこともある。
３）適切である。
４）不適切である。事業再生計画における採算分析を実際する際には、採算分
　　析の目的に応じて、分析単位、分析精度等を設定する必要がある。再生対
　　象とされる事業の経営規模が小さく事業構造が単純であれば、必ずしも高
　　い分析精度は求められない。なお、分析精度とは、分析対象期間、分析結
　　果数値の単位等を指す。

<u>正解　４）</u>

2－6　3つのリストラ策

《問》事業再生計画に係る事業のリストラ、業務のリストラ、財務のリス
トラに関する次の⑦～⑨の記述のうち、適切なものはいくつある
か。1）～4）のなかから選びなさい。

⑦　事業のリストラは、対象企業の複数の事業の選択と集中を実施
し、損益（フロー）の改善を事業面で行うものである。
⑦　業務のリストラは、人件費を含めた管理・間接費用の削減により
対象企業の損益（フロー）の改善を図るものである。
⑨　財務のリストラの具体的施策として、対象企業の資産の流動化や
遊休資産の売却などが挙げられる。

1）1つ
2）2つ
3）3つ
4）0（なし）

・解説と解答・

⑦　適切である。
⑦　適切である。人件費の削減である「人事リストラ」も含まれる。
⑨　適切である。事業譲渡や会社分割、債権放棄やDPO、スポンサーからの
増資なども財務リストラにあたる。
したがって、適切なものは3つなので、3）が正解となる。

<u>正解　3）</u>

コラム

私的整理における経営責任と株主責任

①経営責任

　私的整理においては、対象債権者に金融支援を要請する代わりに、ある種のけじめとして、対象企業の経営者に経営者責任を求めることが一般的である。

　経営者責任の典型例は、役員退任や役員報酬の削減である。金融支援の内容として債権放棄を実施する場合には、事業再生に著しい支障を来たすおそれがある場合を除き、原則として役員退任のほか、経営者の私財提供（債務者企業に債権を有している場合にはその放棄を含む。）などを求めることもある。

　経営者責任の取り方はケース・バイ・ケースであり、窮境原因に対する関与の程度、要請する金融支援の程度、今後の債務者企業にとって必要な人材であるか、などの諸事情を総合的に考慮して決定することになる。

②株主責任

　株主は債権者よりも劣後する法的地位にあることから、私的整理において対象債権者に債権放棄を求めるような場合には、株主にも有限責任の範囲内で一定の経済的負担が求められることがある。

　この場合、対象企業においては、会社法が定める所定の手続を経て、100％減資を行ったり、第二会社方式の場合には、特別清算または破産によって旧会社を消滅させることにより、株主の権利を喪失させることとなる。

2-7　資産売却による財務リストラ

《問》事業再生計画の期間中における資産売却に関する次の記述のうち、
　　　最も適切なものはどれか。
1）遊休資産あるいは収益性の低い資産を売却し、その売却代金により
　　有利子負債を返済した場合、キャッシュフローは改善する。
2）本業に活用されていない資産を売却し、本業に経営資源を集中する
　　という趣旨の事業再生計画を実行する場合には、本業に活用されて
　　いる本社事務所・工場等を売却し、リースバックの手法により継続
　　活用することは認められない。
3）抵当権等の担保権が設定されている資産について、被担保債権の額
　　を下回る価額で売却する場合、売却金を担保権への返済に充当する
　　のであれば担保権者との交渉等は不要とされる。
4）事業再生計画の期間の初期段階でいったん売却を見送った資産につ
　　いて、その後、事業環境の変化や当該資産の収益性の低下が確認さ
　　れた場合、同一の事業再生計画の期間中であれば、売却を再度検討
　　する必要はない。

・解説と解答・

1）適切である。不要投融資（遊休資産、収益性の低い資産等）の売却代金に
　　より有利子負債を返済した場合、通常は、売却代金の入金や利息負担の減
　　少によりキャッシュフローが改善する効果が期待できる。
2）不適切である。本業に係る本社事務所・工場等であっても、第三者（支援
　　者、企業再生ファンドなど）に売却し、リースバックを受けて事業を継続
　　するという方法も、検討する余地がある。
3）不適切である。売却額が被担保債権の額を下回る場合、被担保債権の全額
　　返済（他の金融機関からの資金調達または手元資金の取崩しによる全額返
　　済）が担保権解除の条件とされる可能性があり、売却後の金融機関取引
　　（追加借入等）に支障が生じる可能性もある。担保権の設定された資産を
　　売却する際には、売却による効果や売却後の事業計画について担保権者が
　　納得のいく説明をするとともに、担保権者の協力を得ることが不可欠であ
　　る。このため、資産売却の前に、担保権者に相談しなければならない。
4）不適切である。事業環境の変化により遊休化した資産、あるいは、収益性

が（相対的に）低下した資産については、同一の事業再生計画の期間中で
あっても売却を再度検討すべきである。

正解　1）

2－8　実抜計画・合実計画

《問》実抜計画（実現可能性の高い抜本的な経営再建計画）または合実計画（合理的かつ実現可能性の高い経営改善計画）に関する次の記述のうち、最も適切なものはどれか。

1）経営再建計画の実現に必要な関係者との同意を得られていない債務者であっても、金融機関の判断により、当該経営再建計画を実抜計画とみなして自己査定を行うことができる。
2）債務者が中小企業の場合、金融機関が実施する自己査定において、合実計画を実抜計画とみなしてはならない。
3）合実計画は、計画期間終了後の債務者の業況が、金融機関の再建支援の要否にかかわらず、良好であり、かつ財務内容にも特段に問題がないと認められる状態となる計画でなければならない。
4）一定の要件等を満たす実抜計画が策定された債務者については、当該債務者向け債権が貸出条件緩和債権に該当しないと判断したりすることが認められる。

・解説と解答・

1）不適切である。実抜計画における「実現可能性の高い」計画とは、以下の要件をすべて満たすことをいう。ただし、債務者が中小企業であって、その進捗状況が概ね1年以上順調に進捗している場合には、その計画は「実現可能性の高い」計画であると判断してさしつかえない（中小企業・地域金融機関向けの総合的な監督指針Ⅲ－4－9－4－3(2)③ハ）。
　①　計画の実現に必要な関係者との同意が得られていること。
　②　計画における債権放棄等の支援の額が確定しており、当該計画を超える追加的支援が必要と見込まれる状況でないこと。
　③　計画における売上高、費用および利益の予測等の想定が十分に厳しいものとなっていること。
2）不適切である。債務者が中小企業の場合、経営改善に時間がかかることが多いことから、合実計画を実抜計画とみなしてさしつかえないとされている。
3）不適切である。合実計画における計画期間終了後の債務者の業況が、良好であり、かつ財務内容にも特段に問題がないと認められる状態となる計画

である必要がある。ただし、金融機関の再建支援を要せず、自助努力により事業の継続性を確保することが可能な状態となる場合は、金利減免・棚上げを行っているなど貸出条件に問題のある状態などとなる計画であってもさしつかえないとされている。

4）適切である。

<u>正解　4）</u>

リスケジュールを考える

　リスケジュールとは、契約に定める借入金の弁済条件（約定弁済）を変更し、一定期間、約定での元本弁済の一部または全部を猶予することである。たとえば、1〜3年程度、元本弁済を猶予し財務キャッシュフローを安定させ、その間に正常収益力の改善を図る。なお、営業キャッシュフローに含まれる支払利息については、実務上はリスケの対象としない（元本弁済猶予しても利払いは継続）ことが一般的である。

　リスケジュールの検討に際しては、事業の再生の見込みがあることを前提に、弁済猶予する元本弁済の長期的な目途があることや、金融機関と債務者（特に経営者）が目線を合わせられることがあげられる。

　留意点としては、以下があげられる。

　①債務者と金融機関の間でコミュニケーションをとり、債務者は金融機関が納得する事業の改善計画を策定し、金融機関は実行状況をモニタリングを行うこと。

　②リスケジュールの間は新規の借入が難しくなることが多いので、赤字の場合は早期の黒字化等による資金繰りの見通しの確保が重要であること。

　③設備投資等は必要最小限のレベルに制約されることも多く、リスケジュールを繰り返すと中長期的な収益力が落ちること。

　リスケジュールの実施によって収益力が改善した後に約定弁済を検討する際には、コベナンツ設定による業況のモニタリングや、劣後ローンの活用による約定弁済額の低減などが有効である。

　一方で、リスケジュールをしても長期的な収益の安定や過剰債務の解消の目途が難しい場合は、債権カット、外部スポンサーの導入、廃業など、次の再生手法が視野に入ってくる。

2－9　事業再生計画の進捗管理

> 《問》事業再生計画の進捗管理に関する次の記述のうち、最も不適切なものはどれか。
> 1）事業再生計画の進捗状況を管理するためのマイルストーン（主要管理点）は、事業再生計画を策定した当初の時点で設定すべきものである。
> 2）事業再生計画の進捗状況は、債権者である金融機関などの利害関係者に対して開示すべきであるが、従業員には開示すべきではない。
> 3）事業再生計画の進捗管理では、重要施策の着手時期・実施時期や、財務内容の改善のための数値目標（数値計画）の達成状況などを確認する。
> 4）債務者企業は事業再生計画を遂行する責任を有し、自らの責任において当該事業再生計画の進捗管理を実施し、主体的に利害関係者への働きかけを行う必要がある。

・解説と解答・

1）適切である。最終目標を示すことは重要であるが、到達するまでに数年を要する場合があるため、それだけではモチベーションを維持しにくい。このため、事業再生計画策定段階においては、最終期限までの節目節目で何を達成すべきかを逆算し、それをマイルストーン（主要管理点）として設定し、達成状況を管理することが望まれる。

2）不適切である。従業員や債権者は、事業再生を実現するための主要な利害関係者（ステークホルダー）であり、また、従業員や債権者の協力は事業再生に不可欠である。事業再生計画が順調に進展している場合には、その旨を知らせることによって、より強いコミットメントが期待できる。逆に、事業再生計画の進展が順調でない場合には、ステークホルダーに対して協力を要請する必要があるため、原則として、事業再生計画の進捗状況については、ステークホルダーに開示する必要がある。

3）適切である。事業再生の目的は業績回復や財務の健全性回復である。したがって、売上や利益といった財務数値は重要な成果指標であり、財務の健全性を示すための財務指標の改善は重要な数値目標となる。これらの数値目標（数値計画）の達成状況は、事業再生計画の進捗管理において確認す

　べき事項に該当する。

4）適切である。債務者企業は、事業再生計画を遂行する責任を有する。ま
　た、債務者企業は、自らの責任において事業再生計画の進捗管理を行い、
　進捗状況に応じて主体的に利害関係者（ステークホルダー）への働きかけ
　を行う必要がある。

正解　2）

第3章

事業再生の各種手法

3-1 私的整理と法的整理（I）

《問》私的整理および法的整理に関する次の記述のうち、最も適切なものはどれか。ただし、本問の私的整理は、準則型私的整理（私的整理ガイドライン、事業再生 ADR、REVIC（地域経済活性化支援機構）、中小企業活性化協議会スキーム、中小企業の事業再生等に関するガイドライン等の特定の法律やルールに従って行われる私的整理）とし、法的整理とは、会社更生法、民事再生法等に基づく手続をいうものとする。

1) 私的整理に基づく事業再生計画は、対象債権者の債権額の過半数の同意により成立するため、一部の対象債権者が反対する場合であっても、当然に当該事業再生計画を成立させることができる。

2) 法的整理による手続においては、一般商取引債権についても権利変更（債権カット、リスケジュール等）の対象となるため、私的整理による手続と比べ、信用喪失に伴う債務者企業の事業価値毀損の度合いが大きい。

3) 私的整理による手続においては、法的整理による手続とは異なり、滞納している税金の支払を停止（一時棚上げ）することができる。

4) 債務者企業が債務超過の状態にある場合は、私的整理と法的整理のいずれの手続においても、債務者企業の株主総会決議を経ずに、事業譲渡を行うことができる。

・解説と解答・

1) 不適切である。私的整理に基づく事業再生計画（弁済計画を含む）を成立させるためには、対象債権者全員の同意が必要となるため、一部の対象債権者が反対する場合には、当該事業再生計画は成立しにくい。

2) 適切である。法的整理では仕入れ先への買掛金も債権カットの対象となるため、会社更生手続や民事再生手続によって再建を図ろうとする場合は、手続申立て後の取引継続および取引条件は重要なポイントとなる。また、私的整理は非公表であるが、法的整理は公表される。

3) 不適切である。私的整理による手続においては、滞納している税金の支払を停止することができない。なお、会社更生手続においては、一定の要件のもとに裁判所が国税滞納処分の中止や禁止を命じたりすることができる

（会社更生法24条2項、50条2項）が、民事再生手続においては、そのような取扱い等がない。

4）不適切である。私的整理による手続において事業譲渡を行う際には、債務者企業が債務超過状態にあるか否かによらず、債務者企業の株主総会決議を経て実施する必要がある（会社法467条1項1号、2号）。一方、法的整理による手続において事業譲渡を行う際に、債務者企業が債務超過状態にある場合等には、債務者企業の株主総会決議を経ないで実施できる場合がある（民事再生法43条1項、会社更生法46条1項、2項）。

<u>正解　2）</u>

3－2　私的整理と法的整理（Ⅱ）

《問》私的整理と法的整理に関する次の記述のうち、最も不適切なものは
　　どれか。なお、本問における私的整理は、任意の私的整理（中小企
　　業活性化協議会スキームや事業再生 ADR 等の特定の法律やルール
　　に従って行われる準則型私的整理ではなく、債務者と申立代理人で
　　手続を進める純粋私的整理）とする

1）私的整理による再建計画においては、権利変更の対象となる債権者
　　の4分の3以上の同意があれば、すべての対象債権者について権利
　　変更を行うことができる。

2）私的整理において金融機関（金融債権者）が債権放棄に応じた場
　　合、金融機関においては、債権放棄額の全額を損金算入できず、そ
　　の一部または全額が寄附金課税の対象とされる場合がある。

3）企業が法的整理を開始した事実は直ちに公表されることが多いこと
　　から、一般に、法的整理は、私的整理に比べて事業価値劣化の危険
　　性が高い。

4）法的整理においては、金融機関（金融債権者）のみならず、一般商
　　取引債権者も権利変更の対象となるため、一般に、私的整理に比べ
　　て対象企業の債務の圧縮度合いが大きいといえる。

・解説と解答・

1）不適切である。私的整理における債権者の権利変更（債権放棄、リスケ
　　ジュール等）は関係当事者間の合意に基づき行われるため、対象となる債
　　権者全員の同意が必要である。なお、本肢は、準則型私的整理の場合も同
　　様である。

2）適切である。なお、債権放棄が、例えば業績不振の会社の倒産を防止する
　　ためにやむを得ず行われるもので、合理的な再建計画に基づくものである
　　等、相当な理由があるときは、債務者に与える経済的利益の額は寄附金課
　　税の対象とならない（法人税基本通達9－4－2等参照）。原則として、
　　事業再生 ADR、地域経済活性化支援機構、中小企業活性化協議会、中小
　　企業の事業再生等に関するガイドラインなどの準則型私的整理において策
　　定された再生計画は「合理的な再建計画」として認められる。

3）適切である。なお、本肢は、準則型私的整理の場合も同様である。

4）適切である。なお、本肢は、準則型私的整理の場合も同様である。

<u>正解　1）</u>

コラム

私的整理のメリットとデメリット

①メリット

　再建型の法的整理（民事再生・会社更生）においては、倒産手続開始前の原因に基づいて生じた財産上の請求は原則として倒産債権（再生債権・更生債権）とされ、商取引債権者であっても、倒産手続への参加が求められる。こうなると、商取引債権者に信用不安が広がり、たとえ事業の再生が可能であっても、その後の取引継続や取引条件に影響が生じうる。

　これに対し、私的整理においては、対象債権者を金融債権者に限定することにより、商取引債権者には約定どおりの支払を行うことができる。その結果、事業価値の毀損を防止しつつ、金融債権者から元本・利息の支払猶予や減免などの支援を受けることにより、円滑に事業の再生を図ることが可能となる。このことは、債権者にとっても、回収可能額の最大化、二次破綻防止による回収の確実性などを確保しうる点でメリットがあるといえる。

②デメリット

　法的整理においては、多数決原理が採られるため、少数の債権者が反対しても再生計画案や更生計画案は成立するが、私的整理においては、対象債権者の１名でも反対すれば再建計画案は成立しない。このため、対象債権者全員から同意を得るべく、随時様々な情報を開示するとともに、再建計画案については裏付けとなる詳細な数値や資料も必要となる。

　そのため、弁護士、公認会計士、税理士、経営コンサルタントなどの専門家を多数起用することになり、専門家費用だけで相当の金額になることもある。

再建型法的整理と私的整理のおもな違い

	法的整理（再建型）	私的整理（準則型）
種類	会社更生手続 民事再生手続	事業再生ADR手続 地域経済活性化支援機構（REVIC）による手続 整理回収機構による手続 中小企業活性化協議会による手続 特定調停 中小企業事業再生等ガイドラインによる手続
手続機関	裁判所	中立かつ公正な第三者（特定調停は裁判所）
公開性	公開	原則非公開
対象債権者	原則として全ての債権者	原則として金融債権者
弁済禁止効	あり	なし（ただし、一時停止の通知、返済猶予要請による事実上の弁済禁止効あり）
計画成立要件	多数決原理	対象債権者全員の同意

3－3　会社更生手続と民事再生手続の対比

《問》会社更生手続と民事再生手続に関する次の記述のうち、最も適切な
ものはどれか。
1）会社更生手続において更生計画案を可決するためには、議決権総額
の2分の1以上の賛成が必要であるのに対して、民事再生手続にお
いて再生計画案を可決するためには、議決権を行使した債権者の過
半数かつ議決権総額の2分の1以上の賛成が必要である。
2）会社更生手続、民事再生手続のいずれにおいても、無担保一般債権
は権利変更（債権カット）の対象とされる。
3）会社更生手続、民事再生手続のいずれにおいても、申立てから6カ
月以内に債権者集会を開催し、当該債権者集会においてそれぞれ更
生計画案、再生計画案が可決されなければならない。
4）会社更生手続はDIP型の再建手続であり、手続開始申立後も従来
の経営陣のもと経営を継続するのが通常である。これに対し、民事
再生手続は、裁判所が選任した管財人に経営権が委ねられる管理型
の再建手続である。

・解説と解答・

1）不適切である。民事再生手続と会社更生手続の場合では、「多数決」の要
件が異なっている。更生計画案の議決は、更生担保権者の組、優先権のあ
る更生債権者の組、普通の更生債権者の組、劣後的債権者の組、株主の組
等に分かれて実施され、各組ごとに議決の要件が異なる。例えば、更生担
保権者の組では、更生担保権の期限の猶予の定めをする場合には、更生担
保権者の議決権の総額の3分の2以上の同意により決議される（会社更生
法196条5項2号イ）。なお、民事再生手続において再生計画案を可決する
ための条件に関する記述は適切である。
2）適切である。
3）不適切である。民事再生手続および会社更生手続のいずれにおいても法的
な期間制限はない。民事再生手続においては、通常、申立てから再生計画
認可決定まで6カ月程度とされているが、会社更生手続においては、通
常、1年～1年半程度の期間を要する。なお、DIP型の会社更生手続の
場合は、標準スケジュールは6カ月程度とされている。

4）不適切である。民事再生手続は DIP 型の再建手続であり、手続開始申立後も従来の経営陣のもと経営を継続するのが通常である。これに対し、会社更生手続は、手続開始時に必ず裁判所が管財人を選任し、管財人に経営権が委ねられる管理型の再建手続である。裁判所から倒産手続に詳しい弁護士が管財人として選任され、経営陣は退陣することが一般的である。なお、2009年1月以降、東京地方裁判所においては、経営責任の問題のない取締役等を管財人に選任する DIP 型の更生手続の運用が開始されている。

<u>正解　2）</u>

3－4　私的整理（I）

《問》私的整理（準則型私的整理および純粋私的整理）に関する次の記述
のうち、最も適切なものはどれか。
1）私的整理において債権放棄が行われる場合、各金融機関の融資シェ
アや債務者企業の経営への関与の度合いによらず、各金融機関の債
権は平等・公平に扱うことが原則である。
2）金融機関が私的整理において債権放棄を行った場合、債権放棄額は
例外なく税務上の損金に算入できる。
3）私的整理において、金融機関が債権の一部について債権放棄を行っ
た場合、残債務（残債権）は一括弁済がなされる。
4）私的整理においてDPO（ディスカウント・ペイオフ）が行われる
場合、債権譲渡損を税務上の損金に算入することはできない。

・解説と解答・

1）適切である。なお、私的整理においては、関係者の合意を得られれば、債
権放棄額（シェア）の設定や担保評価額などで柔軟な運用が可能である。
2）不適切である。私的整理における債権放棄額は、税務上の損金に算入でき
るとは限らない。金融機関は、私的整理において債権放棄を検討する際に
は、債権放棄額についての税務上の損金算入の可否や金融機関の取締役の
善管注意義務等の観点を踏まえて意思決定する必要がある。
3）不適切である。私的整理において、金融機関が債権の一部について債権放
棄を行った場合、残債権（残債務）について一括弁済がなされるとは限ら
ない。有力なスポンサーの支援を受ける場合は、残債権を一括で借り換え
ができる場合もあるが、自主再建型の場合は長期にわたる分割弁済がなさ
れるケースが多い。
4）不適切である。一般に、DPOにおける譲受人が第三者である場合には、
基本的には債権譲渡が適正な価額であると判断される。

正解　1）

3－5　私的整理（Ⅱ）

《問》私的整理（準則型私的整理および純粋私的整理）に関する次の記述
　のうち、最も不適切なものはどれか。
1）私的整理とは、金融機関等の金融債権者による任意の債権放棄やそ
　　の他の金融支援により過剰債務の圧縮を図る手続であり、一般商取
　　引債権に直接の影響が及ばないため、法的整理に比べ債務者企業の
　　事業価値劣化を防止できるという利点がある。
2）金融機関は、私的整理において債権放棄を検討する際には、債権放
　　棄額についての税務上の損金算入の可否や金融機関の取締役の善管
　　注意義務等の観点を踏まえて意思決定する必要がある。
3）事業収益による営業キャッシュフローが黒字あるいは早期に黒字化
　　が見込まれ、財務キャッシュフローの調整により中長期の資金繰り
　　が改善できる場合には私的整理が、営業キャッシュフローが赤字
　　で、回復の見込みがなく、仕入債務などの商事債権のカットが必要
　　な場合には法的整理が、それぞれより適している。
4）「私的整理に関するガイドライン」および「中小企業の事業再生等
　　に関するガイドライン」は、金融機関等による任意の債権放棄やそ
　　の他の金融支援により、債務者企業の過剰債務を返済可能な程度に
　　圧縮することを公正かつ迅速に行うための指針であり、法的拘束力
　　がある。

・解説と解答・

1）適切である。私的整理とは、金融機関等による任意の債権放棄やその他の
　　金融支援により、過剰債務を返済可能な程度に圧縮し、残債務を分割等で
　　弁済することによって債務者企業の再建を図ることをいう。
2）適切である。
3）適切である。
4）不適切である。私的整理ガイドラインとは、「私的整理に関するガイドラ
　　イン研究会」によって発表された法的拘束力のない指針であり、公正で衡
　　平な私的整理が円滑に成立するように策定されたものである。中小企業の
　　事業再生等に関するガイドラインとは、「中小企業の事業再生等に関する
　　研究会」によって発表された法的拘束力のない指針であり、中小企業者の

事業再生・事業廃業に関する基本的な考え方を示すとともに、中小企業者や金融機関等による迅速かつ円滑な私的整理手続を可能とすること等を目的とするものである。法的拘束力がない点は私的整理に共通である。

正解　4）

3 － 6　私的整理に関するガイドライン

《問》「私的整理に関するガイドライン」（以下、「私的整理ガイドライン」という）に関する次の記述のうち、最も不適切なものはどれか。

1）私的整理ガイドラインは、私的整理を行うに至った場合の関係者間の調整手続等を取りまとめたものであり、その記載事項に法的な強制力はない。

2）私的整理ガイドラインに基づく私的整理は、法的整理とは異なり、関係者間の合意に基づき実施されるため、私的整理ガイドラインに従って債権放棄を行った金融機関が無税償却を行うことは認められない。

3）私的整理ガイドラインに基づく債権放棄の効力を生じさせるためには、私的整理ガイドラインに基づかない任意の債権放棄と同様に、債権者の個別の同意が必要である。

4）私的整理ガイドラインに基づく私的整理は、主要債権者（メインバンクほか）と債務者の連名による申出により実施されるため、メインバンクが支援の意思を示している場合に利用可能な手続であり、いわゆる「メイン寄せ」が生じやすいという特性を有している。

・解説と解答・

1）適切である。私的整理とは、金融機関等による任意の債権放棄やその他の金融支援により、過剰債務を返済可能な程度に圧縮し、残債務を一括または分割弁済することによって再建を図ることをいう。私的整理ガイドラインは、私的整理を行うに至った場合の関係者間の調整手続等を取りまとめたものであるが、法的な強制力はなく、関係者から尊重されるべき紳士協定と位置付けられている。

2）不適切である。私的整理ガイドラインは法的整理に準じた厳しい条件を課し、債権放棄を対象企業の経営再建に直結させる狙いがあり、私的整理ガイドラインを使って債権放棄した金融機関は、原則として無税償却が認められる。

3）適切である。私的整理ガイドラインに基づく私的整理の効力を生じさせるためには債権者の個別の同意が必要であり、このことは私的整理ガイドラ

インに基づかない任意の私的整理と同様である。この点は、法的整理と比較して、私的整理ガイドラインに基づく債権放棄を成立させるためのハードルの1つとなっている。

4）適切である。私的整理ガイドラインでは、債務者とメインバンクが共同して手続を進めていく必要があり、その結果、メインバンクは、他の債権者よりも多くの債権放棄に応ぜざるを得なくなるなどの「メイン寄せ」と呼ばれる現象が生じたため、メインバンクが私的整理ガイドライン手続の利用に消極的となり、最近ではあまり利用されなくなっている。近時の準則型私的整理手続では、公正で中立な第三者が関与する中小企業活性化協議会、事業再生 ADR、地域経済活性化支援機構、中小企業の事業再生等に関するガイドラインの利用が主となっている。

正解　2）

コラム

法的整理を選択するケースとは？

　窮境に陥っている債務者企業において再建の余地がある場合、債務者企業の置かれた状況を踏まえて、企業価値の毀損を防ぎながら、再建することができる方法を選択すべきである。抜本的な債務の整理を要すると考えられる場合、私的整理と法的整理のいずれの手続をとるかが問題となるが、可能である限り、私的整理の手続をとることが望ましい。

　ただし、以下のような場合には、法的整理によることが考えられる。

例外1：資金繰りが逼迫している場合

　私的整理においては再建計画案の成立に対象債権者全員の同意を要するため、成立までに半年や1年かかることもある。その間、債権者との協議により、元本や利息の支払いを一時猶予してもらうことで資金繰りを維持することができればよいが、営業キャッシュフロー自体がマイナスであるために資金流出が止まらない場合には、やむを得ず法的整理に踏み切り、既存債務の全てについて支払を停止することが考えられる。

例外2：金融債務の調整では財務状況が改善されない場合

　債務者企業の負債に占める金融債務の割合が少ない場合や、事故や訴訟などにより多額の債務が偶発的に発生した場合には、金融債務の調整のみでは、債務者企業の財務状況が改善されないこともある。このような場合には、法的整理により金融債務以外の債務も債権カットの対象として取り込み、全体的に処理していくことが考えられる。

例外3：企業不祥事が窮境原因である場合

　粉飾決算や重大なコンプライアンス違反により窮境に陥った場合、企業の社会的責任の観点から、金融機関などの債権者が債務者企業に対する支援を躊躇することが想定される。このような場合には、法的整理を申し立て、裁判所の監督下で公正・公明に再建を図ることで、債権者の理解を得ることが考えられる。

3－7　会社更生法（Ⅰ）

> 《問》会社更生法に基づく更生手続に関する次の記述のうち、最も不適切
> なものはどれか。
> 1）会社更生手続の対象は株式会社（特例有限会社を含む）のみであ
> り、株式会社以外の会社、学校法人等は会社更生手続の開始を申し
> 立てることができない。
> 2）裁判所が更生手続開始決定前に保全管理命令を発した場合、いわゆ
> る開始前会社の事業の経営ならびに財産の管理処分に関する権利
> は、保全管理人に専属する。
> 3）会社更生手続においては、更生手続開始決定後に更生会社の財産の
> 上に存する担保権を実行することは原則として禁止されているた
> め、担保権者は、更生計画に従って弁済を受けることとなる。
> 4）更生担保権者の議決権は、更生担保権の組において、担保目的物の
> 評価額にかかわらず、被担保債権額に基づき付与される。

・解説と解答・

1）適切である。会社更生法による更生手続は株式会社のみが対象となる（会
社更生法1条）。
2）適切である（会社更生法30条、32条）。
3）適切である（会社更生法47条1項、50条）。
4）不適切である（会社更生法136条）。

正解　4）

3－8　会社更生法（Ⅱ）

《問》会社更生手続に関する次の記述のうち、最も不適切なものはどれか。

1）更生会社従業員の労働債権のうち更生債権となる債権は、更生計画による権利変更の対象となるが、更生計画において、一般の更生債権よりも優先的な取扱いがなされる。

2）更生手続開始決定後の更生会社の業務に基づき生じた更生会社に対する債権は、共益債権となり、更生計画によらずに随時弁済される。

3）更生計画認可の決定前の時点において、少額の更生債権の弁済を裁判所が許可するのは、当該更生債権を早期に弁済しなければ更生会社の事業の継続に著しい支障を来す場合に限定されている。

4）株主が更生計画案の決議において議決権を行使できるのは、更生会社が更生手続開始の時において債務超過でない場合に限られる。

・解説と解答・

1）適切である。更生手続開始後の給料債権は共益債権となり（会社更生法127条2号）、更生手続開始前の給料債権は、手続開始前6カ月間の分については共益債権（同法130条1項）、それ以前の分については一般の先取特権その他一般の優先権を有するものとして優先的更生債権となる（同法168条1項2号、民法308条）。

2）適切である（会社更生法127条2号、132条1項）。

3）不適切である。いわゆる少額の更生債権の弁済には、2つの類型がある。1つは、少額の更生債権を早期に弁済することにより更生手続を円滑に進行できるときは、更生計画認可決定前であっても、裁判所の許可を得て更生債権の弁済ができる（会社更生法47条5項前段）というものである。更生債権の発生原因・内容を問わず、一定額以下のものについて画一的に弁済がなされる。もう1つは、少額の更生債権を早期に弁済しなければ更生会社の事業の継続に著しい支障を来すときは、更生計画認可決定前であっても、裁判所の許可を得て更生債権の弁済をすることができる（会社更生法47条5項後段）というものである。

4）適切である（会社更生法166条2項）。　　　　　　　　　正解　3）

3－9　民事再生手続

《問》民事再生手続に関する次の記述のうち、最も不適切なものはどれか。

1）民事再生手続開始の申立てが行われた場合、開始決定の前までに裁判所が債権者集会を開催し、裁判所が債権者の意見を聴取することが開始決定発令の要件の1つとされている。

2）民事再生手続の開始決定があった場合には、棚卸資産、固定資産、有価証券、繰延資産の評価損について、法人税法上の損金算入が認められる。

3）民事再生手続開始前の原因に基づいて生じた再生債務者に対する無担保の債権は「再生債権」とされ、再生計画における権利変更（債権カット、分割弁済等）の対象となる。

4）債権者集会における再生計画案が可決されるための要件は、議決権を行使した債権者の頭数の過半数、かつ議決権総額の2分の1以上の同意を得られることである。

・解説と解答・

1）不適切である。民事再生手続開始の申立てが行われた場合、開始決定までの間に債務者企業が債権者説明会を開催するのが一般的であるが、その間に裁判所が債権者集会を開催するということはない。

2）適切である。

3）適切である。

4）適切である（民事再生法172条の3第1項）

正解　1）

3 −10　合併

《問》企業の合併に関する次の記述のうち、最も適切なものはどれか。
1）吸収合併に際して、消滅会社の株主に対して存続会社の株式を交付することは認められるが、金銭を交付する取扱いは認められない。
2）合併の方法は、合併前の当事者企業のうちの1社が存続会社となり、他の当事者企業（消滅会社）の資産・負債、権利・義務の一切を承継する方法に限定される。
3）合併会社が被合併会社の議決権の4分の3以上を保有している場合は、会社法上の略式組織再編の要件を充足し、被合併会社における株主総会の決議は不要である。
4）合併の対価としての交付株式等の額が原則存続会社の純資産額の20％以下の場合は、会社法上の簡易組織再編（簡易吸収合併）の要件を充足し、存続会社における株主総会の決議は不要である。

・解説と解答・

1）不適切である。会社法に基づく合併の対価の柔軟化により、吸収合併において、消滅会社の株主に対して存続会社の株式を交付せず、金銭その他の財産を交付する取扱い（キャッシュ・アウト・マージャー（交付金合併）など）が認められている。
2）不適切である。合併とは、同一の経営目標を達成するために複数の企業が法人格を統合することである。合併の方法には、合併前の当事者企業のうちの1社が法律上の存続会社となり、他の当事者企業（消滅会社）の資産・負債、権利・義務の一切を承継する方法のほか、新設会社が合併前のすべての当事者企業（消滅会社）の資産・負債、権利・義務の一切を承継する方法もある。
3）不適切である。支配関係にある会社間（合併当事会社の一方が他方の議決権の90％以上を保有）で組織再編を行う場合には、会社法上の略式組織再編（会社法784条1項、796条1項）の要件を充足し、被支配会社において株主総会の決議を要しない。
4）適切である。合併の対価としての交付株式等の額が存続会社の純資産額の20％（これを下回る割合を存続会社等の定款で定める場合にあっては、その割合）以下の場合は、会社法上の簡易組織再編（簡易吸収合併）の要件

を充足し、存続会社において株主総会の決議を要しない（会社法796条 2
項）。

<u>正解　4)</u>

3－11　事業譲渡

《問》事業譲渡に関する次の記述のうち、最も適切なものはどれか。

1）譲渡側の企業における従業員の処遇（雇用契約）は、従業員の同意の有無にかかわらず、譲渡側の企業と譲受側の企業の間の契約に基づき、譲受側の企業に承継される。

2）事業譲渡は、業績不振な事業部門から撤退するための手段として活用可能であるが、優良な事業部門を存続させるための手段として活用することはできない。

3）事業譲渡（対象の資産に不動産を含む）に伴い発生する譲渡損益は、法人税法上の課税所得計算の対象となるが、譲受会社は、消費税、不動産取得税、登録免許税を免除される。

4）譲渡対象となる事業に付随する簿外債務・偶発債務は、当事者間での個別の交渉・契約により、譲渡（承継）の対象とすることができる。

・解説と解答・

　事業譲渡とは、企業（譲渡企業）が事業の全部または一部を他の企業（譲り受け企業）に譲渡することで、契約によって譲渡の対象となる事業を選択することができる。対象事業が関わる全ての契約（債権者・従業員・取引先・業務提携先等）に対して、それぞれ相手方の同意を得る必要があり、手間や時間、コストがかかる。

1）不適切である。譲渡側の企業における従業員の処遇（雇用契約）を譲受側の企業が承継する場合には、従業員の同意を含めて、譲渡側の企業と譲受側の企業の間での個別の交渉・契約が必要とされる。

2）不適切である。事業譲渡は、事業部門の選別（縮小、撤退等）のための手段として活用可能であり、経営不振企業が優良な事業部門を存続させるための手段としても活用可能である。

3）不適切である。事業譲渡は、法人税法上、譲渡日における時価による資産の譲渡とみなされるため、譲渡損益が発生し、課税所得計算の対象となる。事業譲渡は資産の譲渡という取引行為に当たるため、対象資産の中に課税対象があれば消費税が課税される。また、譲受会社には、不動産の移転登記のための登録免許税、不動産取得税が課税される。

4）適切である。譲渡対象となる事業に付随する債権・債務、権利・義務を譲
　渡（承継）の対象とするためには、個別の交渉・契約が必要とされる。し
　たがって、簿外債務・偶発債務を譲渡（承継）の対象とするためには、そ
　の旨について当事者間の個別の交渉・契約により可能とされる。

<u>正解　4）</u>

3-12　会社分割（Ⅰ）

《問》事業再生において利用される会社分割に関する次の記述のうち、最も不適切なものはどれか。

1）新たに設立する新会社に再生対象企業の優良事業を承継させ、当該新会社の株式をスポンサーに譲渡することにより、優良事業を存続させることができる。

2）再生対象企業が有する優良事業が許認可を要する事業であって、許認可の再取得が困難である場合に、当該優良事業の存続のために、再生対象企業が有する不採算事業の切出し（分割）を検討する必要がある。

3）会社分割を用いた私的整理において、会社分割の効力発生後も分割会社に対して債務の履行を請求することができる金融債権者は、会社分割の手続において異議を述べることができる。

4）会社分割を用いた私的整理において、債権者を害するような会社分割が実施された場合、債権者から承継会社に対する直接的な請求権が認められる場合がある。

・解説と解答・

1）適切である。スポンサーに優良事業を承継させる場合、スポンサーとしては、対象会社の簿外債務のリスクを遮断したいと考えるため、新たに設立する新会社に優良事業を承継させたうえで、新会社の株式をスポンサーに譲渡すること（いわゆる Good 出し）が多い。

2）適切である。上場企業の私的整理の場合や、優良事業が許認可を要する事業であって、許認可の再取得が困難である場合には、上場を維持するため、あるいは許認可を維持するために、不採算事業の切出し（いわゆる Bad 出し）が行われることもある。

3）不適切である。会社分割による私的整理スキームの場合、金融債権者の債権は分割会社に残るのが通常ではあるが、会社分割の効力発生後も分割会社に対して債務の履行を請求することができる者は、異議を述べることができない（会社法789条1項2号、810条1項2号参照）。

4）適切である（会社法759条4項、764条4項）。

正解　3）

3－13　会社分割（Ⅱ）

《問》会社分割に関する次の記述のうち、最も不適切なものはどれか。
1）分社型（物的）分割とは、会社分割で事業等を承継する会社が、その対価として株式等を会社分割を行う会社に割り当てる形態の会社分割をいう。
2）分割型（人的）分割とは、会社分割で事業等を承継する会社が、その対価として株式等を会社分割を行う会社の株主に割り当てる形態の会社分割をいう。
3）会社法では、分社型（物的）分割のみを規定しており、分割型（人的）分割の規定はない。
4）分社型（物的）分割において、分割承継会社が新設会社であれば、分割会社と分割承継会社は兄弟会社となる。

・解説と解答・

1）適切である。
2）適切である。
3）適切である。分割型（人的）分割については、会社法上、分割を行う会社が承継する会社から得た株式等の対価を、株主に配当として交付するという法律構成が可能であり、実質的に「分割型（人的）分割」は維持されている。法人税法上は分割型分割の規定がある（法人税法2条12号の9）。
4）不適切である。兄弟会社ではなく、分割会社の100％子会社となる。

正解　4）

3－14　現物出資・現物分配・株式分配

《問》現物出資、現物分配および株式分配に関する次の記述のうち、最も不適切なものはどれか。

1）現物出資とは、株式会社の設立、新株発行に当たって、金銭以外の財産をもって出資に充てることをいう。

2）現物分配とは、法人（公益法人等および人格のない社団等を除く）が、その株主等に対して、一定の事由により金銭以外の資産を交付することをいう。

3）法人税法上、株式分配は、現物分配のうち、その現物分配の直前において現物分配法人により発行済株式等の全部を保有されていた法人の当該発行済株式等の全部が移転するもの（一定の場合を除く）をいう。

4）現物分配法人（内国法人に限る）と被現物分配法人（内国法人に限らない）との間に完全子会社関係がある場合において、金銭等不交付要件を満たす現物分配を実施したときは、その分配は適格現物分配に該当する。

・解説と解答・

1）適切である。出資できる現物として、動産（パソコンや自動車など）、有価証券、ゴルフ会員権、不動産、知的財産権などの無形資産などがある。

2）適切である。剰余金の配当（株式または出資に係るものに限るものとし、分割型分割によるものを除く）等、利益の配当（分割型分割によるものを除く）、解散による残余財産の分配、自己株式の取得等のみなし配当事由により金銭以外の資産の交付をすることを、現物分配という。

3）適切である。一定の場合とは、その現物分配により当該発行済株式等の移転を受ける者がその現物分配の直前において当該現物分配法人との間に完全支配関係がある者のみである場合をいう（法人税法2条12号の15の2）。

4）不適切である。被現物分配法人も内国法人に限る（法人税法2条12号の15）。金銭等不交付要件とは、組織再編の対価として、株主に対して承継法人株式等以外の金銭等が交付されないことを求める要件をいう。なお、他の組織再編と異なり、現物分配後も完全支配関係を継続することは求められていない。

正解　4）

3-15　株式交換・株式移転

《問》株式交換および株式移転に関する次の記述のうち、最も適切なもの
はどれか。
1 ）株式交換は、自社の株式を対価として他社の株式の全部を取得する
手法であり、自社の完全親会社を設立するために活用可能な手法で
ある。
2 ）株式交換により設立された完全親会社は、完全子会社の株式を貸借
対照表上に時価で計上しなければならない。
3 ）株式移転は、自社を親会社、他社を100％子会社とする手法であ
り、株式移転を行うためには、被買収企業の株主総会特別決議が必
要とされる。
4 ）複数の会社が、株式移転による持株会社を設立することによって経
営統合する場合、共通の完全親会社が設立され、経営統合の当事者
企業は、当該完全親会社の下の100％子会社（兄弟会社）となる。

・解説と解答・

1 ）不適切である。株式交換が自社の株式を対価として他社の株式の全部を取
得する手法である旨の記述は正しいが、株式交換により自社の完全親会社
を設立することはできない。自社の完全親会社を設立するための手法は、
株式移転である。
2 ）不適切である。株式交換により、完全親会社を設立することはできない。
なお、株式交換の会計処理の基本は簿価による引継ぎである。株式交換に
おいては、完全親会社が株式を時価発行し、完全子会社の株式を時価で計
上することにより、第三者間の時価取引の要請（要件）は充足される。
3 ）不適切である。株式移転は、自社の完全親会社を設立するための手法とし
て用いられる。株式移転を行うためには株主総会特別決議が必要とされ、
株式移転に反対する株主は株式買取請求権を行使できる。
4 ）適切である。

<u>正解　4 ）</u>

3-16　M&A

> 《問》民事再生手続、会社更生手続におけるM&Aの活用に関する次の記
> 　　述のうち、最も不適切なものはどれか。
> 　1）民事再生手続開始後または会社更生手続開始後であっても、裁判所
> 　　　の許可を得ることによって、再生計画または更生計画によらずに事
> 　　　業譲渡を実施することが可能である。
> 　2）M&Aは、新規事業への参入や海外市場への進出を検討する際に、
> 　　　買収対象会社の強味を自社に取り込めることに加えて、それらの事
> 　　　業を早期に立ち上げる点で「時間を買う」効果があげられる。
> 　3）M&Aにより買収をした対象会社の経営は、既存の経営陣が担うこ
> 　　　ととし、その後の経営統合については、買収企業は関与せず、対象
> 　　　会社の経営陣に委ねるほうがよい。
> 　4）LBOファイナンスは、買収側にとり、自己資金が少なくても対象
> 　　　会社の収益を元手に借入金を調達でき、レバレッジ効果により投資
> 　　　リターンが上がるといったメリットがある一方で、LBOファイナ
> 　　　ンスの金利や手数料は比較的高く、借入金が大きくなるデメリット
> 　　　がある。

・解説と解答・

　M&Aスキームには、株式譲渡、事業譲渡、会社分割等の種類がある。M&Aの目的は、売手企業にとっては、①不採算事業やノンコア事業の切り離し、②後継経営者不在の場合の事業承継、③オーナー経営者が創業者利益を得る、などがあげられる。買手企業にとっては、①新規事業への参入、②既存事業の強化（売上拡大、コスト削減など）、③技術やノウハウの取得、④海外市場への進出、などがあげられる。

　M&Aを実行する際の留意点としては、対象会社の事業の見極めが不十分であったり、買収後のPMI（買収後の統合プロセス）が十分に行われないと、M&Aによるシナジー効果が発揮されず、期待したほどの効果が出ないこともある。また、買収後の対象会社の収益が低迷すると、のれんの減損など損失が発生することもある。

1）適切である（民事再生法42条1項、会社更生法46条1項ただし書）。
2）適切である。

3) 不適切である。買い手企業は、投資前にデューディリジェンスを対象会社に対して行い、シナジー効果などを統合後の事業計画に落としこみ、それが着実に実行されるよう経営統合を進めていくことが重要である。買収後の PMI を経営面、現場業務面、企業風土面などで徹底されないと、M＆A によるシナジー効果が発揮されず、期待したほどの効果が出ないこともある。

4) 適切である。M＆A を行う際の資金調達方法の一つとして、おもに PE ファンドなどが活用している LBO ファイナンスは、買収対象会社の株式取得資金を、ファンドからの出資金と金融機関からの借入で調達し、その際に、SPC（特別目的会社）を設立して、対象会社と SPC が合併し、対象会社の収益により調達した資金を弁済するスキームである。買収側のメリットとしては、自己資金が少なくても対象会社の収益を元手に借入金を調達できること、ノンリコースローンでの調達であること、レバレッジ効果により買収側の投資リターンが上がることなどがあげられる。デメリットとしては、LBO ファイナンスの金利や手数料は高くなること、多くのコベナンツが設定されること、借入金が大きくなるため業績が低迷すると借入金の弁済負担が重くなることなどがあげられる。

正解　3）

3－17 MBO

《問》MBO（マネジメント・バイアウト）を用いた事業再生に関する次の記述のうち、最も不適切なものはどれか。ただし、本問において「受皿会社」とは、MBOにおいて売却対象となる企業または事業部門を承継する会社を意味するものとする。

1）企業再生のスキームにおいては、優良事業部門を不採算事業部門から切り離し、優良事業部門の再生を図ることを目的として、MBOが活用される場合がある。

2）企業または企業経営者は、本業とは関連性の乏しいノンコアビジネスの切り離しによって経営効率化を図ることを目的として、MBOを活用する場合がある。こうした場合、受皿会社の役職員にとっては、経営・事業の発展に対するモチベーション向上も期待できる。

3）MBOは、外部からの借入れ（金融機関借入等）や投資ファンドからの出資を利用して実施される場合がある。

4）受皿会社が外部からの借入れ（金融機関借入等）を行うLBO（レバレッジド・バイアウト）の手法によりMBOを行う場合、受皿会社は、MBOにより取得する資産（不動産、動産、売掛債権、預金、有価証券、知的財産権等）を担保として提供し、受皿会社の取締役は連帯保証人となることが条件とされる。

・解説と解答・

　MBOとは、企業の経営陣が、現在の事業の継続を前提として、当該企業や当該企業の事業部門を買収することである。買収資金が大きい場合などは投資ファンドと共同で投資することもある。例えば、事業面のバリューアップは経営陣が、組織管理面の強化はファンドが担い、バリューアップ後にIPO、対象会社による自社株買い、対象会社とシナジーがある企業への売却などにより投資ファンドはエグジット（投資資金の回収）する。

1）適切である。

2）適切である。複数の事業を行う企業において、ノンコアビジネスは、資金や人材などの制約や、事業面の判断に当該ビジネスに必ずしも明るくない経営陣の判断の影響を受けるほか、また他部門を含めた全社ベースでの収益が芳しくなければ、期待する報酬を得られないことがある。企業の選択

と集中のなかで、ノンコアビジネスを切り出して売却する際に、売却される部門のマネジメントがMBOを活用することがある。

3）適切である。例えば、企業または事業部門を売却する場合、受け皿会社として新設会社を設立し、新会社への事業譲渡代金を新設会社への出資金と譲渡される事業を担保（事業運営に必要な主要な流動資産及び固定資産（例えば、売掛金、在庫、担保や工場などの有形固定資産など）にした金融機関からの借入（LBOローン）にて調達する。投資ファンドは、ハンズオンで事業のバリューアップを実現し、株式売却益等を得ることを狙って、受皿会社に対する出資を行う。

4）不適切である。外部からの借入れ（金融機関借入等）に際しての新経営陣による連帯保証人の提供は、貸付人（金融機関等）との個別の交渉によって決定される。金融機関は、一般的な企業与信と異なり、LBOファイナンスでは、経営陣による個人保証や投資ファンドによる連帯保証を求めず、その代わり、相応の金額の出資金の拠出（厚い自己資本）、財務や重要な施策の進捗に関するコベナンツの設定等による進捗管理、キャッシュフローの一元的な口座管理などの厳格なスキームを求めることが一般的である。なお、LBOファイナンスを行う金融機関は、事業から生まれるキャッシュフローを担保に融資をする発想から、弁済が滞った場合の担保処分の考え方は、個別の資産毎に資産として売却するのではなく、キャッシュフローを生み出している事業継続に必要な資産を一体として事業として売却するという観点で、流動資産及び固定資産の主要な資産すべてを担保に徴することが一般的である（経営権である株式を担保に徴するかはケースバイケースだが、担保に徴さない場合は、増資や株式の売却など資本に関する行為はレンダーの承諾事項とすることが多い）。

正解　4）

3 － 18　第二会社方式

> 《問》第二会社方式による事業再生に関する次の記述のうち、最も不適切
> なものはどれか。
> 1 ）複数の事業を採算事業と不採算事業に切り分け、事業譲渡や会社分
> 割を利用して採算事業を存続させ、不採算事業を特別清算や破産等
> の手続を利用して清算する手法は、第二会社方式による事業再生に
> 該当する。
> 2 ）第二会社方式による事業再生おいて、存続させる事業が許認可を要
> する事業である場合、事業譲渡の手法を用いることにより、当該事
> 業（許認可の内容は問わない）を包括的に別会社に承継させること
> ができる。
> 3 ）第二会社方式による事業再生において、採算事業に係る債権債務を
> 別会社に承継させるためには、事業譲渡の手法を用いた場合には債
> 権者の個別の同意が必要とされるが、会社分割の手法を用いた場合
> には当該債権者の個別の同意は必要とされない。
> 4 ）第二会社方式による事業再生において、会社分割の手法を用いた事
> 業再生が、分割会社に残される債権者を害する目的で行われた場
> 合、当該債権者は、分割会社のみならず、承継会社に対しても債務
> 履行を請求することができる場合がある。

・解説と解答・

1 ）適切である。複数の事業を採算事業（Good 事業）と不採算事業（Bad 事
業）に切り分け、事業譲渡や会社分割を利用して Good 事業を存続させ、
Bad 事業を特別清算や破産等の手続を利用して清算する手法は、第二会社
方式による事業再生に該当する。

2 ）不適切である。事業譲渡や会社分割によって別会社に承継されない許認可
もある。このような場合には、有効な許認可を維持するために許認可を要
する事業を残し、不採算事業を別会社に承継させること（いわゆる Bad
出し）もありうる。

3 ）適切である。

4 ）適切である。いわゆる濫用的会社分割（経済的な窮境状態にある会社が、
会社分割によって分割会社の優良資産を新設会社に承継したうえで、分割

会社において特定の債権を非承継債務と設定することにより、分割会社に残る一部の債権者についてのみ債権回収の可能性を著しく低減させること。）が問題となり、2014年の会社法改正で、分割会社が残存債権者を害することを知って会社分割をした場合には、残存債権者は、承継会社・設立会社に対し、承継した財産の価額を限度として債務の履行を請求することができる旨の規定が設けられた（会社法759条4項、761条4項、764条4項、766条4項）。

<u>正解　2）</u>

3－19　特別清算手続

《問》特別清算手続に関する次の記述のうち、最も適切なものはどれか。
1）特別清算手続は、解散して清算手続に入っている株式会社について、清算会社が債務超過に陥っている場合に限り開始される清算手続である。
2）特別清算手続は、清算会社が管理処分権を失わないDIP型の手続であり、従来の会社代表者（またはその依頼を受けた弁護士）が清算人に就任できる。
3）第三者に事業譲渡を行った後に、速やかに解散決議を行ったうえで特別清算の申立てを行い、事業譲渡代金等を原資に債権者に弁済を行うことは、会社法により禁止されている。
4）特別清算手続において清算人が作成した弁済計画案（協定案）を債権者集会にて可決するためには、債権者集会に出席した債権者の3分の2以上の同意および議決権総額の過半数の債権者の同意が必要である。

・解説と解答・

1）不適切である。特別清算手続は、解散して清算手続に入っている株式会社について、清算の遂行に著しい支障を来すべき事情がある場合または債務超過の疑いがある場合に開始される清算手続である（会社法510条）。
2）適切である（会社法478条1項1号）。
3）不適切である。この選択肢に記載されたスキームを禁止する法令はない。
4）不適切である。特別清算手続における協定案の可決要件は、出席議決権者（債権者）の過半数の同意および議決権者の議決権の総額の3分の2以上の議決権を有する者の同意である（会社法567条1項）。

<u>正解　2）</u>

3－20　サービサーによる事業再生

《問》サービサーを活用した事業再生に関する次の記述のうち、最も不適
　　切なものはどれか。
1）サービサーとは、金融機関等から委託を受け、または譲り受けて、
　　特定金銭債権の管理回収を行う法務大臣の許可を得た民間の債権管
　　理回収専門業者である。
2）サービサーへの貸付債権の売却価格が額面（簿価）を下回る場合、
　　債務者は、貸付債権の購入者であるサービサーに対して当該売却価
　　格を上回る一定金額を弁済したうえで債権放棄を要請することによ
　　り、過剰債務を削減できる場合がある。
3）金融機関がサービサーに貸付債権を額面（簿価）以下で売却する場
　　合、経営者は経営責任をとって退任をしなければならない。
4）サービサーを活用した事業再生の特徴としては、過半の議決権を取
　　得するPEファンドが対象とする企業規模よりも小さい企業が対象
　　となることがあげられる。

・解説と解答・

1）適切である。なお、サービサーは、資本金5億円以上の株式会社であるこ
　　と、取締役として弁護士が1名以上就任していることなどの要件を満たし
　　ていることが必要とされている（サービサー法4、5条）。
2）適切である。なお、サービサーが取扱うことができる債権（特定金銭債
　　権）には、事業会社が債権者である債権（売掛金や未収金など）は含まれ
　　ない。
3）不適切である。経営者の交代を求めるかどうかは、実務的には債権を取得
　　したサービサーの判断となることも多く、一律に経営者の交代を求められ
　　るのではなく、ケースバイケースでの判断となる。
4）適切である。出資により過半の議決権を取るPEファンドは、IRR（リ
　　ターン）が高くても、絶対金額としての投資リターン金額は小さくなるた
　　め企業規模が小さい企業への投資は、消極的である。相対的にサービサー
　　が取得する貸付債権は、PEファンドの対象債権よりも小さい。

正解　3）

3 −21　DPO

《問》DPO（ディスカウント・ペイオフ）に関する次の記述のうち、最も適切なものはどれか。

1 ）DPO とは、貸付債権を保有する金融機関もしくはサービサーが、当該貸付債権の一部について債務者から一括返済を受けた後、残額を債権放棄する手法である。

2 ）DPO の手法により、金融機関等から貸付債権の譲渡を受けた第三者が、当該債権の全部または一部について債権放棄することは認められない。

3 ）DPO の手法を用いた事業再生において、債権放棄を受けた債務者が債務免除益を計上する必要がないことは、DPO を利用することのメリットである。

4 ）全額回収が困難となった債権を、DPO の手法を用いて額面金額より低い価格で売却（債権譲渡）した場合に発生する債権譲渡損は、一定の要件を充足すれば、税務上の損金の額に計上することができる。

・解説と解答・

1 ）不適切である。DPO とは、回収困難となった貸付債権を有する金融機関等が、第三者（サービサー等）に対して債権元本より大幅に低い価額で当該貸付債権を売却（譲渡）し、当該第三者が債務者より取得価格（売却価額）より高い和解金を受領した後に、残額を債権放棄する手法である。

2 ）不適切である。DPO の手法により、金融機関等から債権譲渡を受けた第三者（サービサー等）は、最終的には当該債権の一部について債権放棄することが一般的である。

3 ）不適切である。一般に、債権放棄を受けた債務者は債務免除益を計上する必要があり、このことは DPO の手法を用いた場合も同様である。

4 ）適切である。債権譲渡損益は、一定の要件（譲渡価格が適正であること、真正譲渡であること等）を充足すれば、税務上の益金の額または損金の額に計上することができる。

正解　4 ）

3－22　DIP ファイナンス

《問》民事再生手続または会社更生手続において申立てから認可決定までの企業に対する融資である「DIP ファイナンス」について、次のうち最も不適切なものはどれか。

1）民事再生手続開始申立て後に実施された融資はすべて共益債権とされ、共益債権を有する債権者は、再生計画によらずに、共益債権から随時返済を受けることができる。

2）DIP ファイナンスの与信判断のポイントは、一般的な企業与信と異なり短期の資金繰り（例えば認可決定まで想定される期間）、主要な金融機関のスタンス（債務者の再生に対して明確な反対はないかなど）、必要な担保徴求の可否、申立代理人（民事再生）あるいは管財人（会社更生）のスタンスなどがあげられる。

3）会社更生手続開始申立てを行った時点から会社更生手続開始決定までの間に、保全管理人がその権限に基づいて金融機関からの借入れを行った場合、当該金融機関の債権は、共益債権となる。

4）債務者が事業を継続することにより取得する売掛債権、受取手形、在庫商品等の棚卸資産は、DIP ファイナンスによる融資の担保とすることは認められている。

・解説と解答・

DIP ファイナンスは、法的整理手続の申立て後の信用劣化等により悪化した資金繰りを支え、認可決定までの時間を確保することを目的とする。なお、私的整理手続における債務者への新規融資はプレ DIP ファイナンスという。

1）不適切である。民事再生手続開始申立てを行った時点から民事再生手続開始決定前に行われた DIP ファイナンスによる債権を共益債権とするためには、監督委員の同意が必要である（監督委員が選任されていない場合は、裁判所の許可が必要である。民事再生法120条1項～3項）。共益債権とは、既存の債権（再生債権）よりも優先して弁済を受けられる債権のことをいい、共益債権を有する債権者は、再生計画によらずに、共益債権から随時返済を受けることができる（同法121条1項）。なお、DIP ファイナンスは共益債権であることから、金融機関における資産査定では優良担保として非分類（引当不要）とすることも可能である。

2）適切である。DIP ファイナンスは比較的短期間での判断が求められる。

3）適切である（会社更生法128条1項）。

4）適切である。DIP ファイナンスでは、債務者が提供する担保の対象となる資産は、事業継続により発生する売掛債権や受取手形であることが多い。売掛債権について集合債権譲渡担保権を設定すること、在庫商品等の棚卸資産について集合動産譲渡担保権を設定することも可能である。

<u>正解　1）</u>

3−23　プレ DIP ファイナンス

《問》プレ DIP ファイナンスに関する次の記述のうち、最も不適切なも
のはどれか。
1）プレ DIP ファイナンスは、既存融資の延長線上で行う金融支援的な
　融資ではなく、あくまでも私的整理手続の時間を供与することが趣旨
　であるので、既存の融資と切り離した枠組みで行う必要がある。
2）プレ DIP ファイナンス実行後は、短期の資金繰り、担保状況（売掛
　金や在庫の評価額など）などをきめ細かくモニタリングをすることが
　重要である。
3）プレ DIP ファイナンスは、DIP ファイナンスと同様に既存借入金に
　対する優先弁済性が付与されている。
4）プレ DIP ファイナンスの与信判断ポイントは、DIP ファイナンスと
　同様、①私的整理手続期間中の資金繰りの見込み、②事業再生の目
　途、③金融機関の私的整理手続に対するスタンス、などが重要であ
　る。

・解説と解答・

　プレ DIP ファイナンスとは、私的整理手続期間中の事業継続に必要な運転
資金等の融資であり、債務者の金融機関との協議、関係者調整をする時間の供
与が目的である。
1）適切である。プレ DIP ファイナンスは、既存の融資と切り離した枠組み
　で行う必要がある。具体的には、金融機関内部での担当ラインの分離やプ
　レ DIP ファイナンスの優先性の確認、売掛金や在庫などの担保設定、リ
　スクに応じた高い金利設定などがあげられる。
2）適切である。
3）不適切である。DIP ファイナンスは共益債権として弁済につき法的な優先
　性があるが、プレ DIP ファイナンスにはない。なお、準則型私的整理で
　は、他の金融債権の弁済よりも優先的に取り扱うことにつき、債権者全員
　の同意を得ていることについて「確認」を受ける手続きをすると、私的整
　理手続きから法的整理へ移行した場合、裁判所が当該「確認」を考慮の上
　プレ DIP ファイナンスが優先的に取り扱われる趣旨の衡平考慮規定が設
　けられている。

4）適切である。プレ DIP ファイナンスの与信判断ポイントは、本肢のとお
　　りである。また、プレ DIP ファイナンス実行後は、短期の資金繰り、担
　　保状況（売掛金や在庫の評価額など）などをきめ細かくモニタリングをす
　　ることが重要である。

正解　3）

3−24 DES

《問》DES（デット・エクィティ・スワップ）に関する次の記述のうち、
最も不適切なものはどれか。

1）銀行が、DES の実施に際して、決議事項の一部について議決権が
制限される議決権制限株式を取得した場合、銀行法上も独占禁止法
（私的独占の禁止及び公正取引の確保に関する法律）上も、議決権
保有制限における議決権割合の計算に際して、当該株式が算入の対
象とされることはない。

2）DES を実施した金融機関（債権者）においては、対象会社の事業
が改善されると、対象会社による自己株式の取得、他事業会社への
売却などにより、取得した株式からの収益が期待できる。

3）普通株式以外の種類株式（優先株等）を発行できる旨を定款に定め
ていない会社は、DES によって種類株式を発行する場合には、定
款の変更が必要である。

4）銀行および銀行グループは、一定の要件を満たした事業再生会社に
対して、最大で100％まで議決権を取得、保有することができる。

• 解説と解答 •

　DES とは、債権者が債務者に対して有する債権を債務者が発行する株式に
振り替えること（債務者にとり、債権者に対する債務が資本に振り替わる。）
である。債権放棄ではないので、将来の業況改善後に株式配当や株式の売却に
より償還される可能性があるが、実務上は「債権放棄を伴う事業再生計画案」
になり、債権放棄と同様の論点（経営者責任等）が生じうる。税務上は債務者
には、「債務消滅益」、債権者には「債権譲渡損」が発生する。また、DES に
よる株式がもつ議決権は銀行法上の議決権保有制限（いわゆる５％ルール）に
おける議決権保有割合の計算対象となる。

　2019年10月「銀行法施行規則等の一部を改正する内閣府令」により例外措置
が緩和され、金融機関が DES により一定の議決権を保有し、債務者に対する
デットガバナンスの下事業再生を支援する方策としての活用も期待されてい
る。

1）不適切である。完全無議決権株式（いかなる決議事項についても議決権を
有さない株式）を取得した場合、銀行法上も独占禁止法上も、議決権保有

制限（いわゆる5％ルール）における議決権割合の計算に際して、当該株式が算入の対象とされることはない。しかし、決議事項の一部について議決権が制限される議決権制限株式を取得した場合は、議決権の算入対象となる。

2）適切である。金融機関はDESにより将来の株式配当や株式処分によりキャピタルゲインが期待できる。

3）適切である。普通株式以外の種類株式（優先株等）を発行できる旨を定款に定めていない会社が、DESによって種類株式を発行する場合には、定款を変更する株主総会の特別決議が必要となる（会社法108条2項、466条、309条2項11号）。

4）適切である。2019年10月「銀行法施行規則等の一部を改正する内閣府令」により、銀行等の議決権保有制限（いわゆる5％制限）の例外措置の要件が緩和され、投資専門子会社、あるいは銀行等が直接に事業再生会社の議決権を一定の要件の下に上限100％まで保有できるようになった。

<u>正解　1）</u>

3－25 DDS

《問》DDS（デット・デット・スワップ）に関する次の記述のうち、最も不適切なものはどれか。

1）DDSは、既存債務の借換資金として、債務者が既存債務とは別に新たに劣後ローン（他の債務よりも返済が劣後する借入金）を借り入れることをいい、劣後ローンは、優先して返済される他の借入金を返済した後に返済される。

2）DDSを実施した金融機関にとっては、経営改善計画書や融資契約書にコベナンツ（財務制限等の遵守事項を定めた条項）を設定することにより、債務者の経営を監視する取組みが有用である。

3）DDSは、資本性借入金の要件を満たすことにより、金融機関における債務者の評価にあたり資本とみなされる。

4）DDSによって債務の一部を劣後債務に変更（振替）した場合、債務者の貸借対照表上の負債の総額が減少するわけではない。

・解説と解答・

1）不適切である。DDSは、債務者が債権者に対して負担する既存の債務を劣後ローン（他の債務よりも返済が劣後する借入金）に条件変更することをいい、劣後ローンは、優先して返済される他の借入金を返済した後に返済される。

2）適切である。

3）適切である。2020年5月27日金融庁「資本性借入金関係ＦＡＱ」。

4）適切である。金融機関の査定上は資本とみなされるが、会計上は負債である。

正解　1）

3－26　ABL

《問》ABL（アセット・ベースト・レンディング）に関する次の記述のうち、最も不適切なものはどれか。

1）ABL は資金繰りの支援であり、在庫や売掛金など短期間で入れ替わる流動資産を担保とするため、融資実行時の与信判断のみならず、融資実行後の資金繰りや担保などのモニタリングが重要である。

2）ABL による融資を実施するための動産譲渡担保について第三者対抗要件を具備しても、債務者が善意・無過失の第三者に担保の目的物を二重譲渡し、当該第三者が即時取得するリスクは回避できない。

3）ABL は、主に流動資産（在庫、売掛金等）の価値をもとに、中長期の事業性が不透明であっても検討でき、与信判断の期間が比較的短かく機動的な対応が可能なことから、私的整理でのプレ DIP ファイナンス、法的整理での DIP ファイナンスで活用されている。

4）ABL の実務では、担保不足などコベナンツに抵触した場合、即座に担保実行して、流動資産担保の処分により債権回収をはかることが一般的である。

・解説と解答・

　ABL とは、企業が有する在庫や売掛債権等の流動資産の担保に着目した融資である。ABL は、ABL で調達した資金で仕入れた原材料によって製造された商品や製品を販売し、得られたキャッシュによって弁済され、さらに次の仕入れ等を ABL で調達するという流れであり、ABL 債権は原材料や在庫、売掛金で担保カバーされる。原則は、原材料から在庫、売掛金、手形までの回収口座を一体として担保権設定をする。資金繰り破綻の懸念がないことが確認でき、また健全に仕入れや在庫が販売され、売掛金の回収状況も問題がないことが確認できると、中長期の事業性に不透明感があっても、短期のサイクルである ABL は検討がしやすい。実務上は、正常先のみならず、中長期の事業性で与信がしづらい正常先以下での活用も可能である（私的整理でのプレ DIP ファイナンス、法的整理での DIP ファイナンス）。

1）適切である。短期の資金繰りは、売掛金の回収状況や仕入れの金額や支払いタイミングなどにより変動し、在庫の仕入れや販売状況により担保となる資産の評価が変動する。また、在庫の管理状況の定期的な確認も重要である。

2）適切である。動産譲渡担保について第三者対抗要件を具備する方法には、占有改定による引渡し、または動産及び債権の譲渡の対抗要件に関する民法の特例等に関する法律による登記がある。いずれの場合も、本肢に記載されたリスク（債務者による二重譲渡、第三者による即時取得）は回避できず、不確実性が残る。民法192条（即時取得）を参照。

3）適切である。

4）不適切である。モニタリングを適切に行えば、担保不足や一時的に資金繰りが厳しくなることは、あらかじめ予想ができることも多いので、前広にその原因と改善の可能性などを債務者と協議をすることがABLの一般的な実務運用である。

正解　4）

3－27　メザニンファイナンス

《問》メザニンファイナンスに関する次の記述のうち、最も不適切なものはどれか。

1）メザニンファイナンスは、仕入れ資金や設備投資資金などのニューマネーの供与などのほか、資本増強に活用される。

2）資本性劣後ローンは、ミドルリスク・ミドルリターンのファイナンスであり、債務者企業の会計上の資本となることから、過小資本の企業に対する資本増強策として有効である。

3）メザニンファイナンスでは、事業計画の進捗に伴う業況改善の指標等をコベナンツに設定し、定期的にモニタリングを継続することになる。

4）優先株式の場合は、一般的に一定期間の経過後などの条件で優先株式を対象会社に償還を求める（取得請求権）や対象会社が優先株式の取得を求める（取得条項）などのエグジット策を設定する。

● 解説と解答 ●

　メザニンファイナンスとは、シニアローンより劣後しエクイティより優先する両者の中間に位置づけられ、資本性劣後ローンと優先株式が代表的な商品である。資本性劣後ローンは、当該会社の会計上は負債であるが、金融機関の与信上は資本の扱いとなり、中小企業をはじめとする未上場企業で使われている。優先株式は、会計上の資本となり、上場企業で使われることが一般的だが、中小企業においても発行することが可能である。

1）適切である。メザニンファイナンスの活用目的は、過剰債務の状態にあって業況改善のための商品仕入資金のほか、設備投資の資金が必要な場合、特別損失を計上し資本が過少な場合の資本増強策があげられる。

2）不適切である。資本性劣後ローンは、債務者企業の会計上は負債であるが、金融機関の与信上は資本の扱いとなるものである。なお、弁済方法としては、収益弁済のほか、収益改善後のシニアローンでの借換えが検討される。

3）適切である。

4）適切である

正解　2）

3－28　経営者保証ガイドライン

《問》経営者保証に関するガイドライン（以下、「ガイドライン」という）に関する次の記述のうち、最も不適切なものはどれか。

1）「事業承継時に焦点を当てた「経営者保証に関するガイドライン」の特則」において、事業承継時の経営者保証の取扱いについては、原則として前経営者、後継者の双方から二重には保証を求めないこととされている。

2）ガイドラインに法的拘束力はないが、金融機関において、当該ガイドラインを尊重・遵守する取組状況や取組態勢が不十分な場合には、当該金融機関は、金融庁から報告徴求命令や業務改善命令を受けるおそれがある。

3）ガイドラインに基づいて保証債務の整理を行う場合、利害関係のない中立かつ公正な第三者が関与する私的整理手続により主債務者の債務整理が行われていれば、原則として、保証債務の整理についても当該手続を利用し、主債務と保証債務の一体整理を図ることとされている。

4）ガイドラインの適用開始日（2014年2月1日）より前に締結された保証契約に関して、保証人から当該ガイドラインに沿った保証債務の整理を求められた場合、金融機関はこれに応じる必要はない。

・解説と解答・

1）適切である。なお、後継者との保証契約にあたっては、経営者保証が事業承継の阻害要因となり得る点を十分に考慮し保証の必要性を慎重かつ柔軟に判断すること、前経営者との保証契約については、前経営者がいわゆる第三者となる可能性があることを踏まえて保証解除に向けて適切に見直しを行うことが必要であるとしている。

2）適切である。金融庁は、「中小・地域金融機関向けの総合的な監督指針」等において、経営者保証に関するガイドラインを尊重・重視するための具体的な着眼点を示しており、金融機関の当該ガイドラインに対する取組態勢や取組状況が不十分な場合、報告徴求命令や業務改善命令を受ける可能性がある。

3）適切である。

4）不適切である。経営者保証に関するガイドラインの適用開始日は2014年2
月1日であるが、これ以前に締結した保証契約についても当該ガイドラ
インの適用対象となる。したがって、金融機関が、保証人から当該ガイドラ
インに沿った保証債務の整理を求められた場合にはこれを検討することに
なる（「経営者保証に関するガイドライン」Q&A　Q8-2）。

正解　4）

3－29　プレパッケージ型事業再生

《問》プレパッケージ型事業再生に関する次の記述のうち、最も不適切な
　ものはどれか。
1) プレパッケージ型事業再生とは、あらかじめ主要な関係者の合意を
　得て、スポンサーを決め、あるいは内定してから民事再生手続など
　の法的手続を申し立てることで、資金繰りや事業劣化のスピードが
　速く、迅速な信用補完が必要な場合などに検討される手法である。
2) プレパッケージ型事業再生において、民事再生手続や会社更生手続
　を利用する場合、再生計画案または更生計画案を決議するための要
　件が定められていないため、債権者による債権額に応じた多数決に
　より決議することが慣例となっている。
3) プレパッケージ型事業再生においては、あらかじめ合意を得た関係
　者を公表することにより、法的整理の申立てによる信用毀損や従業
　員・取引先の動揺を抑制できるメリットがある。
4) プレパッケージ型事業再生において、民事再生手続や会社更生手続
　を利用する場合、スポンサー選定を入札ではなく、プレパッケージ
　型とする必要性について、裁判所への十分な説明が重要である。

・解説と解答・

1) 適切である。プレパッケージ型事業再生とは、事業再生の手続きを開始す
　る前に、スポンサーや事業譲渡先を決めてから申し立てることである。
2) 不適切である。プレパッケージ型事業再生であるか否かによらず、民事再
　生計画、会社更生計画を決議するための要件は、それぞれ民事再生法、会
　社更生法に定められている。
3) 適切である。法的整理では商取引債権が債権カットの対象となるので、申
　立後に迅速にスポンサーによる信用補完を公表することは、取引継続の観
　点で効果を期待できる。また、従業員も事業の先行きに不安を抱えるの
　で、事業の再生に向けた姿勢にむかってもらうためにも、早期のスポン
　サーの表明は効果的である。
4) 適切である。再生債務者は、債権者に対して公平誠実義務を負うため、適
　正なスポンサー選定を行うために通常は入札により行う。時間的な余裕が
　なく、迅速性が求められるプレパッケージ型では、入札によらないため、

スポンサー契約の内容やスポンサー選定の過程等を裁判所（申立て後であれば監督委員も含め）に対して十分に説明する必要がある。

<u>正解　2）</u>

3 −30　デット・リストラクチャリング

《問》デット・リストラクチャリングの内容・影響に関する次の記述のうち、最も不適切なものはどれか。

1）債権者が第三者に債権譲渡をした場合、債権譲渡価額が適正な価額であると判断されれば、原則として債権譲渡損を税務上の損金に算入することができる。

2）債権者がDES（債務の株式化）を実施する場合は、債務者側において株主責任や経営責任が問われることはない。

3）債務者が過大な負債を抱えている場合、利払いや元本返済の負担が大きいため、事業再生を図るためには、デット・リストラクチャリングが重要となる。

4）デット・リストラクチャリングの目的は、過大債務による重い利払い負担や元本弁済が収益及び資金繰りの圧迫要因を取り除くために債務の整理または再構築をすることであり、主要な手法として、債権放棄、DPO、DES、DDS、リスケジュールなどがある。

・解説と解答・

1）適切である。債権者が債権放棄をした場合、債権放棄額を税務上の損金に算入するためには、厳格な要件を充足する必要がある。これに対し、債権者が第三者に債権譲渡をした場合、基本的には、債権譲渡が適正な価額であると判断されることとなり、債権譲渡損を税務上損金に算入することができることから、債権譲渡は、債権放棄と比べて、税務上損金に算入することが容易な手法といえる。

2）不適切である。金融機関などがDESを実施する場合は、債務者の株主責任や経営責任が生じる。「中小企業の事業再生等に関するガイドライン」には、「中小企業者が、条件緩和を受け、収益力の回復に努めてもなお、金融債務全額の返済が困難であり、やむを得ない場合には、事業再生を図るために必要かつ合理的な範囲で金融債務の減免その他債務の資本化等（DESを含む。）の要請を検討する。このとき、中小企業者は、経営責任と株主責任を明確化する。」（同ガイドライン第2部2．(1)④ロ）とある。

3）適切である。

4）適切である。 <u>**正解　2）**</u>

3-31 転業支援

《問》金融機関による転業支援先に該当する企業に関する次の記述のうち、最も不適切なものはどれか。

1) 転業は、転換しようとする事業の将来性が見込めるのであれば、経営者の事業継続の意欲は求められない。
2) 転業の形態は、転業による事業内容の変更程度により、「新分野進出」、「事業転換」、「業種転換」に分類できる。
3) 経営が窮境にある中小企業の経営者は、目先の売上確保や資金繰りに追われて、自社の現況を客観的に判断できなくなっている場合、転業に気づきを与えることが金融機関の役割である。
4) 転業時の課題として、資金調達、人材の確保、販売先の確保、また既存事業の縮小に係る人員整理などがあげられる。

・解説と解答・

1) 不適切である。転業は、転換した事業に将来性があることに加え、経営者に事業継続の意欲があることが重要である。なお、公租公課の支払いができないなど、財務面で窮境状態にある場合には、廃業支援が望ましい。
2) 適切である。
3) 適切である。
4) 適切である。

正解　1)

3－32　廃業支援

《問》金融仲介機能の一環としての廃業支援に関する次の記述のうち、最も不適切なものはどれか。

1) 金融機関は、中小企業者から廃業の申出があった場合に、スポンサーへの事業譲渡による事業継続の可能性も検討しつつ、再起に向けた適切な助言のほか、廃業を選択する場合の取引先対応を含め、関係者にとって望ましいソリューションを提供する。

2) 廃業支援をする際に主債務者にかかる債務整理手続としては、破産手続や特別清算手続といった法的整理手続のほかに、特定調停スキーム、中小企業の事業再生等に関するガイドラインなどの私的整理手続も検討する。

3) 廃業支援は、保証人である経営者にかかる債務整理手続については、原則として、「経営者保証に関するガイドライン」を利用する。

4) 経営者保証ガイドラインに基づく保証債務の整理を申し出た後の保証人の収入は、原則として保証債務の弁済原資となるので、経営者保証人の再スタートを切る資金に充てることは適切ではない。

・解説と解答・

1) 適切である。「中小企業の事業再生等に関するガイドライン第二部」参照。

2) 適切である。「特定調停の手引　手引3（廃業支援型)」（日本弁護士連合会)、「中小企業の事業再生等に関するガイドライン　第三部　廃業型私的整理手続」参照。

3) 適切である。

4) 不適切である。経営者保証ガイドラインに基づく保証債務の整理を申し出た後の保証人の収入は、原則として保証債務の弁済原資とならないので、経営者保証人の再スタートを切る資金に充てることができる。

正解　4）

第4章

事業再生のための会計・税務

4−1 EBIT（利払前税引前利益）と EBITDA（利払前税引前償却前利益）

《問》EBIT（利払前税引前利益）と EBITDA（利払前税引前償却前利益）に関する次の記述のうち、最も適切なものはどれか。
1）特別損益がない場合、すべての企業において、EBIT と EBITDA は理論的に一致する。
2）特別損益がない場合、EBIT は、営業利益に金融収益を加えた額と一致する。
3）EBIT は、企業価値を運用することによって得られる利益と解釈できる。
4）EBITDA は、資本構成、税率、減価償却方法の相違による影響を受けて変動する。

・解説と解答・

1）不適切である。EBIT（Earnings Before Interest and Taxes、利払前税引前利益）と EBITDA（Earnings Before Interest, Taxes, Deprication and Amortization、利払前税引前償却前利益）は、異なる概念の利益であり、理論的に一致するものではない。
2）不適切である。特別損益がない場合に、EBIT は、一般に営業利益に利息以外の営業外損益を加えた額と一致する。
3）適切である。EBIT は、企業価値に対するリターンと考えられる。
4）不適切である。EBITDA は、資本構成、税率、減価償却方法の相違による影響を受けない。このため、EBITDA は「キャッシュ利益」とも呼ばれ、企業の収益力を表す客観的かつ利便性の高い指標として利用されている。

<u>正解　3）</u>

4-2　営業キャッシュフロー（間接法）

《問》営業キャッシュフロー（間接法）に関する次の記述のうち、最も不適切なものはどれか。

1）営業キャッシュフローは、損益計算書に計上されている税引前当期純利益に、非資金費用を加算、運転資本増加額を減算するなどして算出するが、非資金費用とは現金支出を伴わない費用のことであり、減価償却費などが該当する。

2）営業キャッシュフローがマイナスにもかかわらず、損益計算書に利益が計上されている場合、原因の1つとして、損益計算書が収益・費用を実現・発生時点で計上する一方で、キャッシュフロー計算書においては現金の収入・支出時点で調整していることの影響が考えられる。

3）営業キャッシュフローは、売掛債権の早期回収や棚卸資産の圧縮などにより、業績悪化局面においても一時的に改善することがあるため、業績の実態を把握するためには数期間にわたり利益と営業キャッシュフローを確認すべきである。

4）営業キャッシュフローの改善を図るために運転資本増加額を減少させる場合、売掛金の早期回収、棚卸資産の圧縮、買掛金の支払猶予、社債の発行などの方法があげられる。

・解説と解答・

1）適切である。
2）適切である。
3）適切である。
4）不適切である。社債の発行で改善される項目は財務キャッシュフローである。

<u>正解　4）</u>

4 - 3 財務分析 (当座、流動比率等)

《問》財務分析に関する次の記述のうち、最も適切なものはどれか。

1) 当座比率は、現金化が容易な資産である当座資産を流動負債で除して求めるが、棚卸資産や売買目的有価証券は、現預金や受取手形に比べ現金化されるまでの期間が長いので、当座資産に含めない。

2) 流動比率は、流動資産を流動負債で除して求めるが、流動比率を改善するためには、固定資産の売却による現金化や、売掛金の早期回収による現金化のほか、増資により資金を調達するなどの方法が考えられる。

3) 固定長期適合率は、株主資本が固定資産より少なくても、財務安定性を勘案して、株主資本と長期性債務で固定資産を賄うという考えに基づいた指標であり、100%超の場合、不健全な財務状態といえる。

4) 株主資本比率は、総資産に占める株主資本の割合であり、株主資本比率の割合が高ければ財務安定性は低くなるが、反対に株主資本比率が低ければ財務安定性は高くなる。

・解説と解答・

1) 不適切である。売買目的有価証券は当座資産に含める。なお、当座比率は、支払能力を流動比率より厳密に判断するために用いられる。

2) 不適切である。売掛金を回収して現金化しても、売掛金も現金も流動資産であるため、流動比率に影響はない。

3) 適切である。固定長期適合率が100%超であれば、不健全な財務状態といえる (固定長期適合率=固定資産/(株主資本+固定負債))。

4) 不適切である。株主資本比率の割合が高ければ財務安定性は高くなるが、反対に株主資本比率が低ければ財務安定性は低くなる。

正解　3)

4－4　キャッシュフロー計算書

《問》キャッシュフロー計算書におけるキャッシュフローに関する次の記述のうち、最も不適切なものはどれか。

1）固定資産の売却は、売却損益の有無にかかわらず、「投資活動によるキャッシュフロー」の増加要因になる。

2）「売上債権」の前期比増加額は、「営業活動によるキャッシュフロー」の増加要因である。

3）増資により調達した資金による設備投資は、「投資活動によるキャッシュフロー」の減少要因である。

4）借入金の調達・返済、社債の発行・償還、配当金の支払は、いずれも「財務活動によるキャッシュフロー」の区分に表示される。

・解説と解答・

1）適切である。固定資産を売却した場合は、売却益の計上または売却損の計上によらず、売却して得た資金が「投資活動によるキャッシュフロー」の増加要因となる。

2）不適切である。「売上債権」の前期比増加額は、「営業活動によるキャッシュフロー」の減少要因である。

3）適切である。資金調達の方法にかかわらず設備投資は「投資活動によるキャッシュフロー」の減少要因となる。

4）適切である。

正解　2）

4-5　資産の評価損益（Ⅰ）

《問》法的整理の事実が生じた場合において資産の評価換えを行う場合の
　　税務上の取扱いに関する次の記述のうち、最も適切なものはどれ
　　か。
1）資産の評価換えによる評価損の損金算入が認められている「法的整
　　理の事実」とは、再生計画認可の決定が行われることが該当する。
2）法的整理の事実が生じた場合において資産の評価換えにより評価損
　　を損金の額に算入するための要件は、確定申告書に評価損益関係書
　　類を添付することである。
3）評価損を算定する場合の税務上の時価は継続価値（ゴーイングコン
　　サーンバリュー）であり、一方、民事再生法の財産評定における時
　　価は原則として清算価値であるため、両者における時価の概念は異
　　なる。
4）有価証券及び金銭債権は、資産の評価換えの対象に含まれる。

・解説と解答・

1）不適切である。資産の評価換えによる評価損の損金算入が認められている
　　「法的整理の事実」とは、再生手続開始の決定があったことにより、民事
　　再生法の財産評定が行われることなどが該当する（法人税法33条2項、同
　　法施行令68条1項、法人税基本通達9-1-3の3）。
2）不適切である。法的整理の事実が生じた場合において資産の評価換えによ
　　り評価損を損金の額に算入するための要件は、損金経理により帳簿価額を
　　減額することであり、確定申告書の提出に際して評価損益関係書類の添付
　　は要件とされていない（法人税法33条2項）。
3）適切である。評価損を算定する場合の税務上の時価は、「評価換えをした
　　日の属する事業年度終了の時における当該資産の価額」であり、その価額
　　は、その資産が使用収益されるものとしてその時において譲渡される場合
　　に通常付される価額をいう（法人税法33条2項、法人税基本通達9-1-
　　3）。一方、民事再生法の財産評定における時価は、清算価値である（民
　　事再生規則56条）。
4）不適切である。法的整理の事実が生じた場合における資産の評価換えの対
　　象に有価証券は含まれるが、金銭債権は含まれない（法人税法33条2項、

同法施行令68条1項、法人税基本通達9－1－3の2）。

正解　3）

4－6　資産の評価損益（Ⅱ）

《問》資産の評価損益の税務上の取扱いに関する次の記述のうち、最も適切なものはどれか。
1）内国法人の有する資産について法的整理の事実が生じた場合、損金経理をしたか否かにかかわらず、その資産の評価換えをして帳簿価額を減額した金額は損金の額に算入される。
2）民事再生手続開始の決定があったことにより財産評定が行われることは、資産の評価換えによる評価損が認められる法的整理の事実に該当する。
3）資産の評価換えによる評価損を算定する場合の税務上の時価は、事業の継続を前提としない清算価値（処分価値）である。
4）私的整理により資産の評価損益を計上する場合には、その評価損益の額が損金または益金の額に算入されることはいっさいない。

・解説と解答・

1）不適切である。内国法人の有する資産につき法的整理の事実が生じた場合において、その内国法人がその資産の評価換えをして損金経理によりその帳簿価額を減額したときは、その帳簿価額を減額した金額は損金の額に算入される（法人税法33条2項、同法施行令68条1項）。したがって、損金経理をすることが要件とされる。
2）適切である（法人税基本通達9－1－3の3）。
3）不適切である。評価損を算定する場合の税務上の時価とは、その資産が使用収益されるものとしてその時において譲渡される場合に通常付される価額をいうため、継続価値（ゴーイングコンサーンバリュー）である（法人税基本通達9－1－3）。
4）不適切である。私的整理により資産の評価損益を計上した場合は、原則としてその評価損益の額は、損金または益金の額に算入されない（法人税法25条1項、33条1項）。しかし、一定の要件を満たす合理的な再建計画による場合には、その評価損益の額は、損金または益金の額に算入される（法人税法25条3項、33条4項、同法施行令24条の2、68条の2、同法施行規則8条の6）。

正解　2）

4－7　資産の評価損益（Ⅲ）

《問》中小企業再生支援スキーム、RCC 企業再生スキームによる再生計画など、法人税法における一定の要件を充足する合理的な再建計画により計上される資産の評価損益の税務上の取扱いに関する次の記述のうち、最も不適切なものはどれか。
1）資産の評価損益の額は、法人税の計算において、損金または益金の額に算入される。
2）資産の評価損の額と評価益の額の両方が計上される場合の法人税の計算において、評価損の額のみを損金の額に算入すること、評価益の額のみを益金の額に算入することはいずれも認められない。
3）資産の評価損益の額を計上する対象資産の帳簿価額を修正する必要はないが、確定申告書に評価損益に関する明細の記載をし、かつ評価損益関係書類を添付する必要がある。
4）一定期間内に圧縮記帳の適用を受けた減価償却資産であっても、評価損益の額は、法人税の計算において、損金または益金の額に算入される。

・解説と解答・

1）適切である。一般に、私的整理により資産の評価損益の額を計上した場合、その資産の評価損益の額は、法人税の計算において、損金または益金の額に算入されない（法人税法25条１項、33条１項）。しかし、中小企業再生支援スキーム、RCC 企業再生スキームによる再生計画など、法人税法における一定の要件を充足する合理的な再建計画において計上された資産の評価損益は、法人税の計算において、損金または益金の額に算入される（同法25条３項、33条４項、同法施行令24条の２第１項、68条の２第１項）。
2）適切である（法人税法25条６項、33条７項）。
3）適切である（法人税法25条３項、25条６項、33条４項、33条７項）。
4）不適切である。一定期間内に圧縮記帳の適用を受けた減価償却資産、短期売買商品等、売買目的有価証券、償還有価証券などの資産の評価損益の額は、法人税の計算において、損金または益金の額に算入されない（法人税法25条３項、33条４項、同法施行令24条の２第４項、68条の２第３項）。

<u>正解　4）</u>

4－8　欠損金額の損金算入制度

《問》私的整理手続において債務免除があった場合の設立当初からの欠損
金額の損金算入制度に関する次の記述のうち、最も適切なものはど
れか。
1）設立当初からの欠損金額とは、法人税の申告書の別表五（一）の期
首現在利益積立金額の差引合計額のマイナス金額を指す。
2）私的整理手続において債務免除があった場合には、債務免除益によ
る課税を回避するため、特段の要件なく設立当初からの欠損金額の
損金算入が認められている。
3）私的整理手続において、設立当初からの欠損金額の損金算入は、常
に青色欠損金の繰越控除を適用した後に適用される。
4）設立当初からの欠損金額のうち、課税所得の原因となりうる債務免
除益等相当額に達するまでの金額が損金算入され、その金額が当期
の所得金額を超える場合には、その超える金額が新たに欠損金額と
して生じることとなる。

・解説と解答・

1）適切である。設立当初からの欠損金額は、その事業年度の確定申告書に添
付する法人税の申告書の別表五（一）の「利益積立金額及び資本金等の額
の計算に関する明細書」に期首現在利益積立金額の差引合計額として記載
されるべき金額で、その金額が負（マイナス）である場合のその金額によ
る（法人税法59条2項、同3項、同法施行令117条、同117条の4、法人税
基本通達12－3－2）。
2）不適切である。私的整理手続において設立当初からの欠損金額の損金算入
制度が適用できるのは、資産の評価損益の計上が認められる合理的な再建
計画に該当すること、または、債務免除等が多数の債権者によって協議の
うえ決められるなど、その決定について恣意性がなく、かつその内容に合
理性があると認められることが必要である（法人税法59条2項、同3項、
同法施行令117条の3、法人税基本通達12－3－1）。
3）不適切である。合理的な再建計画において資産評定を行い、評価損益を計
上した場合には、設立当初からの欠損金額の損金算入は、青色欠損金の繰
越控除よりも優先して適用される（法人税法59条2項、同法施行令117）。

4) 不適切である。私的整理手続において、設立当初からの欠損金額のうち、課税所得の原因となりうる債務免除益等相当額に達するまでの金額が損金算入されるが、その損金算入額は当期の所得金額を超えることはできない（法人税法59条2項、3項）。

正解 <u>1)</u>

4－9 貸倒損失（Ⅰ）

《問》法人の貸倒損失の税務上の取扱いに関する次の記述のうち、最も不適切なものはどれか。

1）債務超過の状態が相当期間継続している取引先（債務者）から金銭債権の弁済を受けることができない法人が、当該取引先に対して書面で明らかにした債務免除額は、当該法人が損金経理をしているか否かにかかわらず、貸倒れとして損金の額に算入される。

2）債務者の資産状況、支払能力等からその全額が回収できないことが明らかになった金銭債権（無担保かつ無保証）は、その明らかになった事業年度以降の3年以内の年度に分割して、貸倒れとして損金経理をすることができる。

3）継続的な取引先（債務者）の資産状況、支払能力等の悪化により当該取引先との取引を停止した場合、取引停止の時と最後の弁済の時などのうち最も遅い時から1年以上経過したとき、当該取引先向けの金銭債権（無担保かつ無保証）の額から備忘価額を控除した額を貸倒れとして損金経理をすることができる。

4）同一地域の取引先（債務者）に対する売掛債権の総額がその取立に要する旅費その他の費用より少なく、支払を督促しても弁済がない場合には、売掛債権の額から備忘価額を控除した残額を貸倒れとして損金経理をすることができる。

・解説と解答・

1）適切である。この選択肢に記載された債務免除額は、法人が貸倒れとして損金経理をしているか否かにかかわらず、当該事実が発生した日の属する事業年度において損金の額に算入される（法人税基本通達9－6－1(4)）。

2）不適切である。この選択肢に記載された回収不能額は、その明らかになった事業年度において、一括して損金の額に計上される（法人税基本通達9－6－2）。

3）適切である（法人税基本通達9－6－3(1)）。

4）適切である（法人税基本通達9－6－3(2)）。

正解　2）

4-10　貸倒損失（Ⅱ）

《問》法人の貸倒損失の税務上の取扱いに関する次の記述のうち、最も適切なものはどれか。

1）金銭債権が会社更生法による更生計画認可の決定によって切り捨てられた場合には、その切り捨てられた金額を貸倒れとして損金経理することを要件として、その損金経理額が税務上の損金の額に算入される。

2）債務者の債務超過の状態が相当期間継続し、債務者に対し書面により金銭債権の債権放棄額を明らかにした場合には、その債権の弁済を受けることができる見込みの有無にかかわらず、その債権放棄額が貸倒損失として損金の額に算入される。

3）金銭債権につき、その債務者の資産状況、支払能力等からみてその一部が回収できないことが明らかになった場合において、その金銭債権の一部を貸倒れとして損金経理したときは、その損金経理額が税務上の損金の額に算入される。

4）保証債務は、現実に履行するまでは偶発債務にすぎないので、貸倒れの対象にはならないが、保証債務の履行後に取得した求償権は、全額回収不能が明らかになった場合には貸倒れの対象となる。

・解説と解答・

1）不適切である。金銭債権が①会社更生法による更生計画認可の決定、②民事再生法による再生計画認可の決定、③会社法による特別清算に係る協定の認可の決定によって切り捨てられた場合には、金銭債権は法律的に消滅してしまうことから、貸倒れとして損金経理をしたか否かにかかわらず、その消滅額が損金の額に算入される（法人税基本通達9-6-1(1)、(2)）。

2）不適切である。債務者の債務超過の状態が相当期間継続し、その金銭債権の弁済を受けることができないと認められ、その債務者に対し書面により債権放棄額を明らかにした場合には、その債権放棄額が金銭債権の消滅額となり、貸倒損失として損金の額に算入される（法人税基本通達9-6-1(4)）。なお、弁済を受けることができるにもかかわらず債権放棄をした場合には、債権は法律的に消滅するが、その消滅による損失は、子会社等支援に該当する場合を除き、債務者に対する寄附金として取り扱われる

118

（法人税法37条7項、法人税基本通達9－4－1、9－4－2）。

3）不適切である。法人税基本通達9－6－2の規定は、その法人の有する金銭債権につき、その債務者の資産状況、支払能力等からみてその全額が回収できないことが明らかになった場合には、事実上その金銭債権が貸倒れたものとして損金経理による貸倒損失の計上が認められているが、部分的な貸倒れとしての処理は禁止されている。なお、部分的な貸倒れが禁止されているのは、税務上、原則的には金銭債権の評価損が認められておらず、法律的に消滅していない金銭債権について部分的な貸倒れを認めた場合、金銭債権の評価損を認めることと同様の結果になってしまうと考えられているためである。

4）適切である。保証債務については、現実に履行するまでは偶発債務にすぎないので、貸倒れの対象にはならない（法人税基本通達9－6－2（注））。なお、保証債務の履行後に取得した求償権については、全額回収不能の場合には貸倒れの対象となる。

正解　4）

4-11　貸倒損失（Ⅲ）

《問》法人の貸倒損失の税務上の取扱いに関する次の記述のうち、最も適切なものはどれか。

1）債務者が再生手続開始の決定を受けた場合、その債務者に対する金銭債権は、決定を受けた時点で法律的に消滅するため、貸倒損失として損金の額に算入される。

2）債務者の債務超過の状態が相当期間継続し、債務者に対し書面により金銭債権の債権放棄額を明らかにした場合には、その債権の弁済を受けることができる見込みの有無にかかわらず、その債権放棄額が貸倒損失として損金の額に算入される。

3）担保物がある金銭債権については、その担保物の時価以上に先順位の担保権が付されており債権者にとって実質的に取り分がない場合であっても、その担保物を処分した後でなければ貸倒れとして損金経理をすることができない。

4）全額回収できないと判断して貸倒損失を計上した金銭債権について、回収が可能であったものと認定された場合等には、事後的に貸倒引当金の繰入に関する明細書を提出することにより、その貸倒損失として計上したものを貸倒引当金として繰り入れていたものとして取り扱うことができる。

・解説と解答・

1）不適切である。金銭債権が法律的に消滅する貸倒れとは、民事再生法の場合であれば、再生計画認可の決定によりその金銭債権が切り捨てられることが該当する（法人税基本通達9-6-1(1)）。債務者が再生手続開始の決定を受けた段階では、金銭債権は法律的に消滅していないため、貸倒損失として損金の額に算入することはできない。

2）不適切である。債務者の債務超過の状態が相当期間継続し、その金銭債権の弁済を受けることができないと認められ、その債務者に対し書面により債権放棄額を明らかにした場合には、その金額が貸倒損失となる（法人税基本通達9-6-1(4)）。弁済を受けることができるのにもかかわらず債権放棄をした場合は、その債権放棄額は寄附金として取り扱われる。

3）不適切である。金銭債権について担保物があるときは、その担保物を処分

した後でなければ貸倒れとして損金経理をすることはできないとされる（法人税基本通達9－6－2）。しかし、担保物が処分されていない場合であっても、その時価以上に先順位の担保権が設定されている等その債権者にとって実質的に取り分がないと認められる場合は、担保物がないものとして取り扱ってさしつかえないこととされている（国税庁ＨＰ質疑応答事例「担保物がある場合の貸倒れ」）。

4）適切である。全額回収できないと判断して貸倒損失を計上した金銭債権について、回収が可能であったものと認定された場合等には、事後的に貸倒引当金の繰入に関する明細書を提出することにより、その貸倒損失として計上したものを貸倒引当金として繰り入れていたものとして取り扱うことができる（法人税基本通達11－2－2）。

正解　4）

4 −12　貸倒引当金

《問》法人が事業年度終了時において有する金銭債権に係る債務者につき、債務超過の状態が相当期間継続し、かつ、その営む事業に好転の見通しがないこと、災害、経済事情の急変等により多大な損害が生じたことその他の事由により、当該金銭債権の一部の金額につきその取立て等の見込みがない（再生計画認可決定等の事実が生じていること等を除く）と認められる場合、当該一部の金額に相当する金額について貸倒引当金の計上が認められるとする法人税法および法人税法施行令の規定がある。本規定に関する次の記述のうち、最も不適切なものはどれか。

1）債務者につき、債務超過の状態が相当期間継続する場合の「相当期間」は、「おおむね3年以上」であり、その債務超過に至った事情と事業好転の見通し等を見て貸倒引当金を計上する。

2）売掛金、貸付金その他これらに類する金銭債権のほか、保証金や前渡金等について返還請求を行った場合における当該返還請求債権が回収不能になったときも、本規定による貸倒引当金の設定対象となる。

3）法人がその有する金銭債権について取得した受取手形で当該金銭債権に係る債務者が振り出し、または引き受けたものを裏書譲渡もしくは割引した場合、財務諸表の注記等でその金額が確認できる限り、当該受取手形に係る既存債権は、本規定による貸倒引当金の設定対象となる。

4）「当該一部の金額に相当する金額」は、その金銭債権の金額から担保物の処分による回収可能額および人的保証に係る回収可能額などを控除して算定するが、保証人が行方不明で、かつ、当該保証人の有する資産について評価額以上の質権等の設定等により当該資産からの回収が見込まれない場合は、人的保証に係る回収可能額を考慮しないことができる。

● 解説と解答 ●

1）不適切である。この選択肢の「相当期間」は、「おおむね3年以上」ではなく、「おおむね1年以上」である（法人税基本通達11−2−6）。

2）適切である（法人税基本通達11－2－3）。

3）適切である（法人税基本通達11－2－4）。

4）適切である（法人税基本通達11－2－7）。

正解　1）

4-13　組織再編成の税務上の取扱い（Ⅰ）

《問》組織再編成の税務上の取扱いに関する次の記述のうち、最も適切な
ものはどれか。
1）適格合併は、「同一企業グループの法人間で行われる企業グループ
内の合併として一定のもの」と、「企業グループ内の合併に当ては
まらない合併であって共同事業を行うための合併として一定のも
の」とに区分されている。
2）完全支配関係がある法人間の組織再編成に係る適格要件は、組織再
編成の前に完全支配関係があり、かつ、組織再編成の後に完全支配
関係が継続する見込みがあることであるため、組織再編成の対価と
して株式以外の資産を交付した場合であっても、常に適格要件を充
足する。
3）適格組織再編成に該当する場合には、資産等の移転が時価で行わ
れ、譲渡損益が計上される。
4）適格合併または適格分割型分割が行われた場合には、被合併法人ま
たは分割法人の株主に対してみなし配当課税が生じる。

・解説と解答・

1）適切である。適格合併は、同一企業グループの法人間で行われる企業グ
ループ内の合併で一定のもの（法人税法2条12号の8イ、ロ）と、企業グ
ループ内の合併に当てはまらない合併であって共同事業を行うための合併
として一定のもの（同法2条12号の8ハ）とに区分されている。
2）不適切である。完全支配関係がある法人間の組織再編成に係る適格要件
は、原則として組織再編成の前に完全支配関係があり、かつ、組織再編成
の後に完全支配関係が継続する見込みがあること（法人税法施行令4条の
3第2項ほか）と、組織再編成の対価として株式以外の資産が交付されな
いことである（同法2条12号の8ほか）。
3）不適切である。適格組織再編成に該当する場合には、資産等の移転が帳簿
価額で行われ、譲渡損益が計上されない（法人税法62条の2 ～ 62条の
5）。なお、非適格組織再編成に該当する場合には、資産等の移転が時価
で行われ、譲渡損益が計上される（同法62条）。
4）不適切である。適格合併または適格分割型分割が行われた場合には、被合

併法人または分割法人の株主に対してみなし配当課税は生じない。なお、非適格合併または非適格分割型分割が行われた場合には、それらの株主に対してみなし配当課税が生じる（法人税法24条）。

<u>正解　1）</u>

4 － 14　組織再編成の税務上の取扱い（Ⅱ）

《問》組織再編税制に関する次の記述のうち、最も適切なものはどれか。
1）「当事者間の支配関係」とは、一の者が法人の発行済株式等の50％超を直接に保有する関係をいい、発行済株式等の50％超を間接に保有する関係は含まれない。
2）非適格株式交換または非適格株式移転に該当する組織再編成において完全子法人となる法人は、原則としてその非適格株式交換または非適格株式移転の直前において有する一定の資産について時価評価を行い、評価損益を計上する。
3）合併法人と被合併法人との間に支配関係がない適格合併の場合には、被合併法人の繰越欠損金額の引継ぎについて、一定の制限を受けることがある。
4）非適格分割が行われた場合には、分割承継法人において特定資産譲渡等損失額の損金不算入の規定が適用される。

・解説と解答・

1）不適切である。当事者間の支配関係とは、一の者が法人の発行済株式等の50％超を直接または間接に保有する関係をいい、発行済株式等の50％超を間接に保有する関係も含まれる（法人税法 2 条12号の 7 の 5 、同法施行令 4 条の 2 第 1 項）。
2）適切である。非適格株式交換または非適格株式移転に該当する場合には、原則としてその完全子法人（株式交換または株式移転において株式の全部を取得される側の法人をいう）がその非適格株式交換または非適格株式移転の直前において有する一定の資産について時価評価を行い、評価損益を計上する（法人税法62条の 9 第 1 項）。
3）不適切である。繰越欠損金額の引継ぎの制限は、合併法人と被合併法人との間に支配関係がある適格合併のうちの一定の要件を満たす場合に課されており、合併法人と被合併法人との間に支配関係がない適格合併、すなわち共同事業を行うための適格合併の場合には課されていない（法人税法57条 3 項）。
4）不適切である。特定資産譲渡等損失額の損金不算入の規定は、分割の場合であれば、適格分割で一定の条件を満たすときに適用があり、非適格分割

が行われた場合にはこの規定の適用はない（法人税法62条の 7 第 1 項）。

<u>正解　 2 ）</u>

4-15　保証債務履行

《問》保証債務を履行するために資産の譲渡があった場合において、その
履行に伴う求償権の全部または一部を行使することができないこ
ととなったときは、その行使できないこととなった金額を回収不能
等の金額とみなし、所得がなかったものとする特例（資産の譲渡代
金が回収不能となった場合等の所得計算の特例）がある。本特例に
関する次の記述のうち、最も不適切なものはどれか。

1）保証債務の履行は、民法446条に規定する保証人の債務または454条
に規定する連帯保証人の債務の履行があった場合のほか、不可分債
務の債務者の債務の履行や、連帯債務者の債務の履行等があった場
合にも適用される。

2）譲渡された資産が他人の債務の担保として供されていたものは、本
特例の適用対象から除かれる。

3）保証債務の履行に必要な資金を借入金で調達し、その借入金を返済
するために資産を譲渡した場合においても、当該資産の譲渡が実質
的に保証債務を履行するためのものであると認められるときは、本
特例の適用が認められる。

4）求償の相手方である主たる債務者の資産状況、支払能力等からみて
求償権の全額が回収できないことが明らかになった場合には、その
求償権の全部を行使することができないことに該当する。

・解説と解答・

1）適切である（所得税基本通達64-4(1)(2)）。
2）不適切である。譲渡された資産が他人の債務の担保として供されていたか
否かは問わない（所得税基本通達64-4(5)）。
3）適切である（所得税基本通達64-5）。
4）適切である（所得税基本通達64-1、51-12）。

正解　2）

4－16　寄附金課税

《問》子会社等支援に係る法人税法上の寄附金課税の取扱いに関する次の
記述のうち、最も不適切なものはどれか。
1）親会社が子会社等の整理をする際に損失負担等をした場合、その損
失負担等により供与する経済的利益の額は、相当な理由が認められ
ないときにも寄附金の額に該当しない。
2）取引関係等の事業関連性を有している会社は、資本関係を有してい
ない場合であっても、子会社等支援に係る法人税法上の寄附金課税
の取扱いにおける「子会社等」に該当する場合がある。
3）子会社等の倒産を防止するためにやむを得ず行うもので合理的な再
建計画に基づく経済的利益の供与の額は、寄附金の額に該当しな
い。
4）利害の対立する複数の支援者の合意により策定されたものと認めら
れる子会社等の再建計画は、原則として、子会社等支援に係る法人
税法上の寄附金課税の取扱いにおける「合理的な再建計画」に該当
する。

・解説と解答・

1）不適切である。その損失負担等をしなければその親会社自身が今後より大
きな損失を被ることになることが社会通念上明らかであると認められるた
めやむを得ずその損失負担等をするに至った等そのことについて相当な理
由があると認められることが必要である（法人税基本通達9－4－1）。
2）適切である。子会社等支援における子会社等とは、資本関係を有する者の
ほか、取引関係、人的関係、資金関係等において事業関連性を有する者が
含まれる（法人税基本通達9－4－1（注））。したがって事業関連性を有
していれば、資本関係を有していない場合も子会社等に該当することにな
る。
3）適切である。経済的利益の供与について子会社等の倒産を防止するために
やむを得ず行うもので合理的な再建計画に基づくものである等その経済的
利益の供与を行うことに相当な理由がある場合には、その金額は寄附金の
額に該当しない（法人税基本通達9－4－2）。
4）適切である。合理的な再建計画かどうかについては、支援額の合理性、支

援者による再建管理の有無、支援者の範囲の相当性および支援割合の合理性等について、個々の事例に応じ、総合的に判断することとされている（法人税基本通達9－4－2（注））。

<u>正解　1）</u>

総合問題

第5章の数値を求める問題、記述式問題、穴埋め問題、語群選択問題等は、ＣＢＴ試験では、選択肢の中から最も適切なもの（不適切なもの）を選ぶ形式、あるいは○×選択式で出題されます。本問題集では、読者および受験者に、より理解を深めていただきたいという観点から、一部、数値を答える問題や記述式で解答を求める問題・解説を掲載します。ご了承ください。

5−1　別除権協定、民事再生における減資、再生計画の認可等

◆次の設例に基づいて、以下の各問に答えなさい。

───── 設　例 ─────

　A社（ホテル業）は、Y県においてホテル事業を営んでおり、Y県および協力企業による融資等により運転資金を確保していた。しかし、Y県がA社の支援を打ち切ることを決定したため、協力企業による支援も得られなくなり、A社は、事業継続が困難となった。このため、A社は、民事再生手続開始の申立てを行い、再生手続の開始決定がなされて、監督委員が選任された。

　なお、A社は、再生手続の開始決定の時点で債務超過の状態にある。また、A社は、取締役会設置会社であり、A社の定款には、株式の譲渡にあたり取締役会の承認を必要とする旨の定めがある。

《問1》　A社所有の主要ホテルBの土地・建物には、15の金融機関が根抵当権の設定登記を受けており、A社は、ホテル事業継続のためには、ホテルBに設定している根抵当権を解除することが不可欠であると考え、裁判所に対して担保権消滅の許可を申し立てることを検討している。この状況において、ホテルBに設定している根抵当権の取扱いに関する次の記述のうち、最も不適切なものはどれか。

1）A社がホテルBの土地・建物に設定した担保権消滅の許可を裁判所に申し立てるためには、ホテルBの土地・建物が、A社のホテル事業継続のために不可欠であることが必要である。

2）A社がホテルBの土地・建物に設定した担保権消滅の許可を裁判所に申し立てた際に、ホテルBの土地・建物の価値が申立書に記載された価額を上回ると考える根抵当権者は、ホテルBの土地・建物に係る価額決定の請求をすることができる。

3）担保権消滅の許可の申立制度においては、A社がホテルBの土地・建物の価額に相当する金銭を用意し、その金銭の範囲にて、根抵当権の順位のとおりに各根抵当権者への債務弁済を行うことにより、ホテルBの土地・建物に設定しているすべての根抵当権が消滅する。

4）A社が、裁判所に対して担保権消滅の許可を申し立てることなく、ホテルBの土地・建物に設定したすべての根抵当権を解除するためには、15の金融機関すべてと別除権協定を締結する必要がある。

・解説と解答・

1）適切である。担保権消滅の許可の申立てをするためには、担保権の目的である財産が再生債務者の事業の継続に欠くことができないものであることが必要である（民事再生法148条 1 項）。

2）適切である（民事再生法149条 1 項）。

3）不適切である。担保権消滅請求制度においては、再生債務者が申し出た担保権の目的財産の価額または価額決定によって定められた価額に相当する金銭を裁判所の定める期間までに裁判所に納付することにより、担保権が消滅する（民事再生法152条 1 項、 2 項）。

4）適切である。

正解　3）

《問 2 》　A社は、入札手続を経て、C社をスポンサーに選定した。その後、A社は、減資と増資（C社からの出資）を実行し、C社からの出資金の一部を弁済原資として、再生計画認可決定から 2 カ月以内に再生債権者に一括弁済を行い、一括弁済後も残存する再生債権についてはすべて免除とする再生計画案を策定した。この状況において、A社の増減資に関する次の記述のうち、最も不適切なものはどれか。

1）A社の資本金の額を減少させることが再生計画案に定められ、その再生計画案の認可決定が確定したときは、再生債務者の株主総会の決議を経ずに資本金の額を減少させることができる。

2）A社は、債務超過であることから、あらかじめ裁判所の許可を得ることなく、自己株式を取得することを定めた再生計画案を提出することができる。

3）C社がA社の第三者割当増資を引き受けて出資をすることが再生計画に定められる場合、当該第三者割当増資に伴う新株発行は、A社における取締役会の決議のみで行うことができる。

4）C社がA社に出資をしてA社の総議決権の過半数を取得した場合、C社は、A社の株主総会において、自己の意思のみでA社の取締役を選任・解任することが可能となる。

・解説と解答・

1）適切である（民事再生法154条3項、161条3項、166条1項、183条4項）。

2）不適切である。再生債務者の自己株式を取得することを定めた再生計画案を提出しようとする場合は、あらかじめ裁判所の許可を得なければならない。裁判所は、再生債務者が債務超過にある場合に限り、その許可をすることができる（民事再生法154条3項、166条1項、2項）。

3）適切である。定款に株式譲渡制限の定めのある再生債務者は、第三者割当増資を行う場合、通常は株主総会の特別決議が必要となるところ、再生計画に定めるところによりこれを取締役会決議のみで行うことができる（民事再生法154条4項、162条、166条の2、183条の2第1項）。

4）適切である（会社法329条1項、339条1項、309条1項、2項7号）。

正解　2）

《問3》前問記載の再生計画案の決議、認可、認可後の手続等に関する次の記述のうち、最も不適切なものはどれか。なお、C社は、スポンサーに選定される以前にはA社の議決権を有しておらず、スポンサーに選定される前後を問わず、A社に対する債権を有していないものとする。

1）C社は、スポンサーに選定された後に実施する出資額に基づく議決権を有するものとして、再生計画案の決議に参加することができる。

2）再生計画案について議決権を有する債権者は、債権者集会に出席して議決権を行使するか、または書面投票により議決権を行使することができる。

3）債権者集会において再生計画案が可決された場合、裁判所は、再生計画の内容が清算価値保障原則に反する場合等を除き、再生計画認可の決定をする。

4）再生計画に基づきA社が再生債権者に一括弁済を行った場合、再生

計画が遂行されたこととなり、裁判所は、再生手続終結の決定をする。

・解説と解答・

1）不適切である。C社は再生債権者ではないから議決権を有さず、再生計画案の決議に参加することはできない（民事再生法169条 2 項参照）。
2）適切である（民事再生法169条 2 項）。
3）適切である（民事再生法174条 1 項、 2 項）。
4）適切である（民事再生法188条 2 項）。本件では、 A社が再生債権者に一括弁済を行うことにより、再生計画が遂行されることとなる。そして、裁判所は、再生計画が遂行されたときは、再生手続終結の決定をする。

<u>正解　1）</u>

5-2　弁済額の計算、経営者保証ガイドライン

◆次の設例に基づいて、以下の各問に答えなさい。

─── 設　例 ───

　B社（老舗旅館）は、15年前に旅館の大規模増改築を行ったが、その後、社員旅行等の減少により売上が落ち込み、増改築資金としての借入金（当初借入10億円）の返済負担が財務を圧迫している。

　B社の社長であるCは、自力再建は困難と判断し、全国各地でホテル事業を展開する大手ホテルグループD社の支援を受けることとした。具体的には、取引債務を含むB社の事業を会社分割（新設分割）により分離し、この会社分割により設立される新会社（新設分割設立会社）の株式を5億円でD社に譲渡することを予定している。

　会社分割前のB社の貸借対照表（概要）は、下記の【資料】のとおりである。なお、旅館不動産には、X銀行の根抵当権（極度額5億円）が設定されている。また、旅館不動産の鑑定評価額は会社分割の時点で3億円である。

【資料】会社分割直前のB社の貸借対照表（概要）

旅館不動産：	5億円	借入金（金融債務）：	9億円
その他の資産：	1億円	取引債務その他の負債：	1億円
資産合計：	6億円	負債合計：	10億円

〈注〉

- 「借入金（金融債務）」の内訳は、X銀行4億円、Y銀行3億円、Z銀行2億円である。Y銀行およびZ銀行からの借入金は無担保である。
- 「旅館不動産」および「取引債務その他の負債」は、会社分割により新会社に承継される。
- 「その他の資産」および「借入金（金融債務）」は、会社分割後のB社に残存し、B社は特別清算により清算される予定である。

《問1》B社が、次の①〜③の条件により、X銀行、Y銀行およびZ銀行の借入金を弁済する場合、それぞれの銀行への弁済額を求めなさい。なお、会社分割・特別清算等の手続費用の支払や税金の支払等を考慮する必要はない。

①弁済原資は、B社の「その他の資産」を換価した1億円およびD社への株式譲渡対価5億円の合計6億円である。
②旅館不動産に設定しているX銀行の根抵当権は、X銀行が旅館不動産の鑑定評価額相当の弁済を受けることを条件に、会社分割時に解除される。
③無担保の借入金および上記②におけるX銀行の回収不能分については、プロラタ（債権額案分）で弁済する。

・解　説・

　X銀行が旅館不動産の鑑定評価額相当分として受ける弁済額は、3億円である。

　残る借入金は、X銀行1億円（回収不能分）、Y銀行3億円（無担保）、Z銀行2億円（無担保）となる。弁済原資合計6億円から上記3億円（鑑定評価額相当分）を差し引いた残り3億円をプロラタで配分すると、X銀行5,000万円、Y銀行1億5,000万円、Z銀行1億円となる。

　よって、X銀行、Y銀行およびZ銀行への弁済額は、それぞれ3億5,000万円、1億5,000万円、1億円となる。

・解　答・

　X銀行：　3億5,000万円
　Y銀行：　1億5,000万円
　Z銀行：　1億円

《問2》Cは、上記B社のX銀行、Y銀行およびZ銀行の債務を保証しているが、保証債務を履行できるだけの資力を有さないため、B社の特別清算と並行して、「自己破産の申立て」、または「経営者保証ガイドラインによる保証債務の整理」を行うことを検討している。前者の場合と後者の場合において、Cの残存資産にどのような違いがあるかを簡潔に説明しなさい。

● 解説と解答 ●

　自己破産をする場合、Cの残存資産は、破産法において自由財産として認められる資産のみとなる。

　一方、経営者保証ガイドラインによる保証債務の整理を行った場合、金融機関は、経営者の安定した生計の維持や、事業清算後の新たな事業の開始等のため、破産における自由財産に加え、一定期間の生活費に相当する額や華美でない自宅等をCの残存資産に含めることを検討するものとされている。これにより、Cの残存資産は破産における自由財産より拡張される可能性がある。

5 － 3　実抜計画・合実計画、債務超過解消年数、小売業の再生

◆次の設例に基づいて、以下の各問に答えなさい。

───── 設　例 ─────

　　Ｚ社（石油販売業、非上場）は、県内に 5 店舗のガソリンスタンドを
展開している。Ｚ社は、近隣のセルフ式スタンドに顧客を奪われ、ここ
数年は営業利益がマイナスに陥り、債務超過状態に陥った。Ｚ社は、資
金繰りも逼迫しているため、取引銀行に依頼し、今期に入ってから半年
間、元本返済の猶予を受けている。

　　Ｚ社の概要およびＺ社が保有する賃貸不動産の簿価と時価は、それぞ
れ【資料1】、【資料2】のとおりである。

【資料1】　Ｚ社の概要

会社概要		事業概要	
業　　種	石油販売業	店 舗 数	5 店舗
設　　立	昭和42年	立 　地	主要道路沿いに路面店を展開
年　　商	1,920百万円		
資 本 金	10百万円	販売商品	石油製品（ガソリン、軽油、灯油）、オイル、タイヤ、バッテリー、車検、カーケア商品
代 表 者	45歳（ 2 代目）		
株主構成	代表者親族で100％		
役　　員	代表者親族のみ		
従業員数	30名		

【資料2】　Ｚ社が保有する賃貸不動産の簿価と時価

	簿　　価（貸借対照表上の帳簿価額）	時　　価（実際に売却可能な価額）
賃貸不動産	200百万円	130百万円

【資料3】　中小企業活性化協議会が策定支援する再生計画案の目安
・原則として再生計画成立後最初に到来する事業年度開始の日から概ね
　3 年以内を目処に黒字に転換すること
・再生計画成立後最初に到来する事業年度開始の日から 5 年以内を目処

140

に実質的な債務超過を解消すること
- 再生計画の終了年度（原則として実質的な債務超過を解消する年度）における有利子負債の対キャッシュフロー比率がおおむね10倍以下となること

【資料4】 経営改善計画の概要

事業面（事業の改善策、利益の改善見込み等）		
	直近（前期）の実績	当期純利益（税引後）：▲16百万円 FCF（フリーキャッシュフロー）： ▲1百万円
	当期以降の改善策	販売目標の設定 接客力を高めることによるサービスの改善 洗車・オイルの販売拡大
	改善見込	計画0年目（当期）：当期純利益（税引後）は、直近（前期）実績と比べて年間1百万円改善する見込み。FCFは、不動産売却収入を含めて130百万円の見込み。 計画1年目：当期純利益（税引後）は、当期見込みと比べて年間30百万円改善する見込み。 計画2年目以降：当期純利益（税引後）は、計画1年目と同額のまま一定とする。
財務面（純資産、負債の見込み等）		
直近（前期）の純資産	簿価純資産額	▲9百万円
	実質純資産額（中小企業特性反映後）	▲59百万円 （賃貸用不動産の含み損▲70百万円） （社長所有不動産の評価額20百万円） ※店舗不動産の含み損益は、本問では考慮しないものとする。

	取引銀行	A銀行：残高430百万円 B銀行：残高150百万円 合計：　　　580百万円
直近（前期）の金融債務	返済状況	2行合計で年間50百万円。今期に入って半年間、元本返済猶予を受け、今期末まで返済猶予を継続する見込み。
	保全状況	A銀行：保証協会保証、店舗不動産・社長自宅に対する根抵当権（保全率80%） B銀行：賃貸不動産に対する根抵当権（保全率87%）
	改善策	計画0年目：賃貸用不動産を売却し、その売却代金130百万円を、B銀行への弁済に充当する。 計画1年目以降：FCFと同額を取引銀行2行の残高に応じて返済する。

税務面	
直近（前期）の繰越欠損金	200百万円

【資料5】　数値計画シミュレーション

		実績 （前期）	0年目 （当期）	1年目	2年目	3年目	4年目	5年目
当期純利益 （税引後）	A	▲16	▲15					
減価償却費		15	15	15	15	15	15	15
FCF	B	▲1	130					
実質純資産額	C＝前年 C＋A	▲59	▲74					
有利子負債残高	D＝前年 D－B	580	450					
債務償還年数	E＝D÷ B	―	―	年	年	年	年	年

		6年目	7年目	8年目	9年目	10年目	11年目	12年目
当期純利益 （税引後）	A							
減価償却費		15	15	15	15	15	15	15
FCF	B							
実質純資産額	C＝前年 C＋A							
有利子負債残高	D＝前年 D－B							
債務償還年数	E＝D÷ B	年	年	年	年	年	年	年

＜数値計画シミュレーションの前提＞

- 計画1年目以降のFCF（フリーキャッシュフロー）は、「当期純利益（税引後）＋減価償却費」にて算定する。計画0年目のFCFには、不動産売却収入130百万円を含む。
- 減価償却費は、毎年15百万円とする。
- 直近（前期）実績の実質純資産額▲59百万円は、「簿価純資産額（▲9百万円）＋賃貸不動産の含み損（▲70百万円）＋社長所有不動産の評価額（20百万円）」にて算定する。計画0年目の実質純資産額には、不動産売却損▲70百万円は含めない（直近実績で評価済みであり、かつ計画0年目に売却済みであるため）。
- 計画0年目は、不動産売却収入130百万円を有利子負債への弁済（担保処分弁済）に充当することを除き、元本の弁済は行わない（計画0年目期末まで元本返済を猶予する）。計画1年目以降は、FCFと同額を有利子負債への弁済に充当する。
- 各年の債務償還年数は、「有利子負債残高÷FCF」にて算出する。

《問１》 Z社の社長は、外部専門家と協議しながら経営改善策を検討している。Z社の取引銀行は、実抜計画または合実計画に相当する事業計画が策定されるのであれば、必要な金融支援を行う方針である。実抜計画および合実計画の主要な事項について述べた次の文章において、空欄⑦〜⑦に当てはまる適切な語句または数値を答えなさい。

1）実抜計画

　いわゆる実抜計画とは、「（　⑦　）の高い抜本的な経営再建計画」のことをいい、次の要件等を満たす実抜計画に沿った金融支援の実施により経営再建が開始されている場合には、当該経営再建計画に基づく貸出金は（　⑦　）には該当しないと判断することが認められる。

⑴　「（　⑦　）の高い」とは、以下の要件をすべて満たす計画であることをいう。ただし、債務者が中小企業であって、その進捗状況がおおむね１年以上順調に進捗している場合には、その計画は「（　⑦　）の高い」計画であると判断してさしつかえない。

　①　計画の実現に必要な関係者との同意が得られていること。

　②　計画における債権放棄などの支援の額が確定しており、当該計画を超える追加的支援が必要と見込まれる状況でないこと。

　③　計画における売上高、費用および利益の予測等の想定が十分に厳しいものとなっていること。

⑵　「抜本的な」とは、おおむね（　⑦　）年後の当該債務者の業況が（　⑦　）であり、かつ、財務内容にも特段の問題がないと認められる状態となることをいう。なお、債務者が中小企業である場合は、次に述べる「合実計画」を「実抜計画」とみなしてさしつかえないとされている。

⑶　中小企業活性化協議会が策定支援した再生計画、事業再生ADR手続に従って決議された事業再生計画、地域経済活性化支援機構が買取決定等した事業者の事業再生計画などの一定の計画については、当該計画が⑴および⑵の要件を満たしていると認められる場合に限り、「（　⑦　）の高い抜本的な経営再建計画」であると判断してさしつかえない。

2）合実計画

いわゆる合実計画とは「（　オ　）かつ（　ア　）の高い経営改善計画をいい、次の要件等を満たす合実計画が策定された場合には、当該債務者に対する債権は（　カ　）債権または正常債権に該当するものと判断してさしつかえない。

(1) 経営改善計画等の計画期間が原則としておおむね（　キ　）年以内であり、かつ、計画の実現可能性が高いこと。ただし、経営改善計画等の計画期間が（　キ　）年を超えおおむね（　ク　）年以内となっている場合で、経営改善計画等の策定後、経営改善計画等の進捗状況がおおむね計画どおり（売上高等および当期利益が事業計画に比しておおむね8割以上確保されていること）であり、今後もおおむね計画どおりに推移すると認められる場合を含む。

(2) 計画期間終了後の当該債務者の業況が（　エ　）であり、かつ、財務内容にも特段の問題がないと認められる状態となる計画であること、ただし、計画期間終了後の当該債務者が金融機関等の再建支援を要せず、自助努力により事業の継続性を確保することが可能な状態となる場合は、金利減免・棚上げを行っているなど貸出条件に問題のある状態、元本返済もしくは利息支払が事実上延滞しているなど履行状況に問題がある状態のほか、業況が低調ないしは不安定な債務者または財務内容に問題がある状態など今後の管理に注意を要する状態であってもさしつかえない。

● 解　答 ●

㋐　実現可能性　　　　　　　㋔　合理的
㋑　貸出条件緩和債権　　　　㋕　要管理
㋒　3　　　　　　　　　　　㋖　5
㋓　良好　　　　　　　　　　㋗　10

《問2》 Z社は、【資料3】の中小企業活性化協議会が策定支援する再生
　　　計画案の目安を満たす経営改善計画を策定する方針である。Z社が
　　　策定した経営改善計画の概要および同計画に基づく数値計画シ
　　　ミュレーションは、【資料4】、【資料5】のとおりである（【資料
　　　5】の数値の一部は、問題の性質上、空欄としてある）。この場
　　　合、以下の(1)および(2)に答えなさい。
　(1)　以下の数値を答えなさい。
　　①　実質債務超過解消年数（整数で解答すること。例えば「1年目が
　　　　実質債務超過、2年目で実質債務超過解消」の場合は「2年」と解
　　　　答すること）
　　②　実質債務超過解消時点の債務償還年数（必要に応じて、小数点以
　　　　下第1位を四捨五入すること）
　(2)　現時点（当期）において金融機関が実施すべき金融支援について、
　　　理由を付して簡潔に説明しなさい。解答に際しては、リスケジュー
　　　ル、DDS、DES、債権放棄等の金融支援の手法を1つ示すこととし、
　　　金額を示す必要はない。

・解　説・

　数値計画シミュレーションは、次ページの表のとおりである。

　数値計画シミュレーションの結果に基づき、計画1年目に当期純利益が黒字
に転換し、計画5年目に実質債務超過が解消するとともに、有利子負債の対
キャッシュフロー比率が10倍となる。よって、1年間の元本返済猶予を伴う
（債務削減を伴うことのない）経営改善により、①実質債務超過解消年数は5
年、②実質債務超過解消時の債務償還年数は10年となる。

　この場合における必要な金融支援としては、リスケジュール（返済条件緩
和）が合理的である。債権放棄まで行うことは債権者金融機関にとって過剰支
援となるおそれがある。

146

【数値計画シミュレーション】

		実績 (前期)	0年目 (当期)	1年目	2年目	3年目	4年目	5年目
当期純利益 (税引後)	A	▲16	▲15	15	15	15	15	15
減価償却費		15	15	15	15	15	15	15
FCF	B	▲1	130	30	30	30	30	30
実質純資産額	C＝前年 C＋A	▲59	▲74	▲59	▲44	▲29	▲14	1
有利子負債残高	D＝前年 D－B	580	450	420	390	360	330	300
債務償還年数	E＝D÷B	—	—	14年	13年	12年	11年	10年

・解答例・

(1)
① 実質債務超過解消年数：5年
② 実質債務超過解消時の債務償還年数：10年

(2) 数値計画シミュレーションに基づき、1年間の元本返済猶予を受けたうえで経営改善を行うことにより、計画5年目において、実質債務超過が解消し、有利子負債の対キャッシュフロー比率が10倍となる見込みである。この場合における必要な金融支援としては、リスケジュール（返済条件緩和）が合理的である。債権放棄まで行うことは債権者金融機関にとって過剰支援となるおそれがある。

《問3》 Z社が展開する5店舗のガソリンスタンドのうち1店舗については、数年後、近隣にバイパスが開通する予定である。Z社としては、このバイパスの開通により当該店舗前の交通量が激減し、大幅に売上が減少すると見込まれる場合は、当該店舗を閉鎖することを考えている。Z社が当該店舗を閉鎖する場合に必要となる費用について、留意すべき事項を簡潔に述べなさい。

・解説と解答・

　ガソリンスタンドの廃止に際しては、建物の解体工事や地下タンクの撤去費用等の費用がかかるため、経営改善計画において見込んでおく必要がある。また、仮に石油漏洩等の土壌汚染が認められた場合には土壌改良を行う必要があり、土地改良に多額の費用が必要となる可能性があるため、経営改善計画の計画期間中のリスク要因として認識しておく必要がある。

5−4 事業再生ADR、金融支援額の計算

◆次の設例に基づいて、以下の各問に答えなさい。

―――― 設 例 ――――

　新興不動産デベロッパーのK社（上場会社、資本金30億円）は、R地方にて創業し、現在は首都圏を中心として不動産開発・マンション分譲等を行っている。K社は、不動産市況の悪化に伴い業績が悪化し、現在、以下の貸借対照表のとおり、50億円の債務超過に陥っている。K社の取引銀行は約30行であり、借入金残高の総額は350億円である。また、K社の所有する販売用不動産は、時価ベースで180億円と推定される。

　B銀行は、K社のメインバンクであり、K社に対して80億円の貸付金残高を有している。K社がB銀行に差し入れている担保不動産は、都心の開発物件を中心とした4物件であり、現在の評価額は合計46億円である。

　K社は、不動産開発・マンション分譲等に関連する企画力には定評があるため、今後、不動産関連の企画やコンサルティングを中心としたフィービジネスに注力することを前提とする再生計画を策定している。また、K社は、事業再生ADRにより私的整理を成立させて、取引金融機関からの金融支援を受けることを希望している。

　K社の貸借対照表（抜粋、簿価）

販売用不動産	250億円	借　入　金	350億円
その他資産	100億円	その他負債	50億円
資産合計	350億円	負債合計	400億円

《問1》K社が事業再生ADRにより私的整理を行う場合のB銀行にとってのメリットを、簡潔に述べなさい。ただし、本問において、B銀行にとってのメリットとは、K社が私的整理ガイドラインにより私的整理を行う場合と対比した場合にB銀行が受けるメリットとする。

・解説と解答・

① 事業再生 ADR による私的整理においては、私的整理ガイドラインによる私的整理とは異なり、債務者企業Ｋ社とメインバンクＢ銀行が、共同して（または連名により）手続を行う必要がない。

② 事業再生 ADR の手続は、専門的知識を有する特定認証紛争解決事業者が関与して進められるため、手続の公正性、透明性の確保が図られる。

③ 以上より、事業再生 ADR による私的整理においては、いわゆる「メイン寄せ」が起こりにくい。

※①の補足説明：事業再生 ADR による私的整理の申請は、債務者が単独で行うことが可能であり、対象債権者への一時停止の通知も、債務者と特定認証紛争解決事業者が連名で行うことが可能である。

《問２》金融支援のみによって、短期的に（金融支援実施と同時に）Ｋ社の実態ベースでの債務超過を解消する場合、必要とされる金融支援の額を求め、その場合に想定される金融支援の手法について、簡潔に述べなさい。ただし、設例に記載された事項のみを考慮するものとし、その他の含み損益、特殊事情等を考慮する必要はないものとする。

・解説と解答・

Ｋ社が金融支援のみによって実態ベースでの債務超過を解消するためには、現在の債務超過額50億円に加え、不動産の評価損70億円（＝250億円－180億円）の合計120億円の金融支援が必要になるといえる。

金融支援の手法としては、債権放棄または DES によることが考えられる。

《問3》 K社の販売用不動産のすべてが借入金（350億円）の担保として
提供されており、それ以外のK社の資産はいっさい担保提供されて
いないとした場合、各金融機関の無担保債権部分についてプロラタ
配分（債権額按分）により金融支援の額を決定するものとして、B
銀行の金融支援の額を求めなさい。

・ 解説と解答 ・

① 借入金の無担保債権部分（担保価値低下による実質無担保部分を含む）
　　350億円－180億円＝170億円
② B銀行の無担保債権部分（担保価値低下による実質無担保部分を含む）
　　80億円－46億円＝34億円
③ B銀行の金融支援額
　　B銀行の金融支援額は、実質債務超過額（120億円）をプロラタ配分によ
　り割り振ることにより算定される。
　　120億円×34億円／170億円＝24億円

〈答〉 24億円

5－5 純資産額の算定、自己資本比率、流動比率の算定

◆次の設例に基づいて、以下の各問に答えなさい。

───── 設 例 ─────

過剰債務を抱え、債務超過に陥っているＺ社（製造業）は、資本増強と生産効率向上の両面からの抜本的な経営改善策を検討している。

Ｚ社が経営改善策を実行しないと仮定した場合、今期末の時点で予想されるＺ社の貸借対照表は次の【資料１】のとおりである。また、Ｚ社は、【資料２】に記載する不稼動資産を保有している（【資料１】の「土地・建物」および「投資有価証券」には、【資料２】に記載する「遊休土地」および「Ｘ社株式」がそれぞれ含まれている）。

なお、経営改善策を実行しないと仮定した場合であっても、Ｚ社のキャッシュフロー計算書において、「営業活動によるキャッシュフロー」は黒字（プラス）となっている。

【資料１】 Ｚ社の予想貸借対照表（今期末予想） （単位：百万円）

資産の部	金 額	負債・純資産の部	金 額
現金・預金	1,500	支払手形・買掛金	1,900
受取手形・売掛金	2,900	短期借入金	6,600
棚卸資産	1,200	その他の流動負債	100
有価証券	200	流動負債合計	8,600
その他の流動資産	100	長期借入金	7,300
流動資産合計	5,900	固定負債合計	7,300
土地・建物	4,200	負債合計	15,900
機械装置	5,200	資本金	3,900
投資有価証券	500	繰越利益剰余金	▲4,000
固定資産合計	9,900	純資産	▲100
資産合計	15,800	負債・純資産合計	15,800

※上記の予想貸借対照表中の「▲」はマイナスであることを示している。

【資料2】 Z社が保有する遊休土地およびX社株式（上場株式）の簿価と時価

（単位：百万円）

不稼動資産	簿価 （貸借対照表上の 帳簿価額）	時価 （実際に売却可能 な価額）	補足
遊休土地	2,000	1,600	
X社株式（上場株式）	500	400	配当なし

《問１》 Z社の社長は、次のケース①とケース②の経営改善策を比較検討しており、取引銀行の応諾を得て、いずれか一方を今期末の時点で実行することを望んでいる。ケース①を実施した場合、ケース②を実施した場合のそれぞれにおいて、予想されるZ社の純資産額（今期末時点）を求めなさい。ただし、純資産額の算定に際して、下記〈注〉を参照すること。また、答は、計算過程を示し、百万円単位での表示とすること（必要に応じ、百万円単位表示の小数点以下第3位を四捨五入）。

ケース ①	(1)第三者割当増資1,500百万円により、資本を増強する。 (2)上記の第三者割当増資1,500百万円と、取引銀行からの新規借入金500百万円（長期借入金）により、設備投資2,000百万円を実行する。
ケース ②	(1)取引銀行に対して、以下の金融支援を要請し、資本を増強する。 ・短期借入金を対象とした債権放棄1,000百万円 ・短期借入金を対象とした債務の株式化（DES）1,700百万円 　（DESの実行について債務消滅益は生じないものとする） (2)【資料2】に記載された遊休土地およびX社株式を売却し、売却資金2,000百万円により、設備投資2,000百万円を実行する。

〈注〉

- DES を実施した場合、実施額の全額を資本金に振り替えるものとする。
- 設備投資2,000百万円は、その全額を新たな機械装置の購入に充当するものとする。
- Ｚ社の実効税率は40％とし、Ｚ社には税務上の繰越欠損金、税務上の損金にできる評価損等はないものとする。
- 経営改善策を実施しない場合のＺ社の当期利益（税引前）はゼロとする。今期のＺ社においては、経営改善策を実施することに伴う当期利益（税引前）の増加分に対してのみ課税されるものとする。
- Ｚ社の純資産および現金・預金（今期末の予想値）は、今期決算に係る税金を今期中に現金にて納税するものとして計算する。
- 本件経営改善策の実施の有無にかかわらず、今期のＺ社の配当金の支払はない。
- ケース①および②ともに、経営改善策に伴う各種取引（第三者割当増資、新規借入、設備投資、機械装置の購入、債権放棄、DES、遊休土地の売却、Ｘ社株式の売却等）に付随する手数料は考慮しなくてよい。また、ケース①における新規借入金について、今期中の利息は発生しないものとする。

・解説と解答・

〔ケース①〕

- 第三者割当増資により、純資産（資本金）が1,500百万円増加する。その結果、第三者割当増資実施後の純資産額は、1,400百万円となる（▲100＋1,500）。

〈答〉　1,400百万円

〔ケース②〕

- DES により、短期借入金1,700百万円が純資産（資本金）に振り替わる。
- 債権放棄により債務免除益1,000百万円が発生し、含み損を持った遊休土地およびＡ社株式の売却により売却損500百万円が発生する（400＋100）。このため、当期利益（税引前）が500百万円増加（1,000－500）し、当期利益（税引後）の分だけ、繰越利益剰余金が増加（欠損額が減少）する。
- 繰越利益剰余金の増加額（欠損額の減少額）

154

= 当期利益（税引前）の増加額×（1 - 実効税率）

= 500百万円×（1 - 40%）= 300百万円

- 以上より、経営改善策実施後の純資産額は1,900百万円となる（▲100＋1,700＋300）。

〈答〉　1,900百万円

《問2》経営改善策を実施しない場合（現状）、前問の経営改善策のケース①を実施した場合、ケース②を実施した場合のそれぞれについて、予想されるZ社の自己資本比率、流動比率、固定長期適合率（今期末時点）を算定し、下表の空欄の数値⑦〜⑦を求めなさい。ただし、答は、小数点以下第2位までの%表示とすること（必要に応じ、%表示の小数点以下第3位を四捨五入）。なお、問題の性質上、明らかにできない部分は「□□□」で示してある。

財務指標	ケース	数値
自己資本比率	現状	□□□%
	ケース①	（　⑦　）%
	ケース②	（　④　）%
流動比率	現状	□□□%
	ケース①	（　⑦　）%
	ケース②	（　④　）%
固定長期適合率	現状	□□□%
	ケース①	（　⑦　）%
	ケース②	（　⑦　）%

・解　説・

経営改善策を実施しない場合（現状）、ケース①を実施した場合、ケース②を実施した場合、それぞれの貸借対照表（今期末見込）は、以下のとおりである。

Z社の予想貸借対照表（今期末予想）

（単位：百万円）

資産の部	現状	ケース①	ケース②	負債・純資産の部	現状	ケース①	ケース②
現金・預金	1,500	1,500	1,300	支払手形・買掛金	1,900	1,900	1,900
受取手形・売掛金	2,900	2,900	2,900	短期借入金	6,600	6,600	3,900
棚卸資産	1,200	1,200	1,200	その他の流動負債	100	100	100
有価証券	200	200	200	流動負債合計	8,600	8,600	5,900
その他の流動資産	100	100	100	長期借入金	7,300	7,800	7,300
流動資産合計	5,900	5,900	5,700	固定負債合計	7,300	7,800	7,300
土地・建物	4,200	4,200	2,200	負債合計	15,900	16,400	13,200
機械装置	5,200	7,200	7,200	資本金	3,900	5,400	5,600
投資有価証券	500	500	0	繰越利益剰余金	▲4,000	▲4,000	▲3,700
固定資産合計	9,900	11,900	9,400	純資産	▲100	1,400	1,900
資産合計	15,800	17,800	15,100	負債・純資産合計	15,800	17,800	15,100

下線を付した数値は、経営改善策の影響により変化する数値（現状と異なる数値）を示す。

〔ケース①〕

- 機械装置　　：今期末予想5,200＋設備投資2,000＝7,200百万円
- 長期借入金：今期末予想7,300＋新規借入金500＝7,800百万円
- 資本金　　　：今期末予想3,900＋第三者割当増資1,500＝5,400百万円

〔ケース②〕

- 現金・預金　　：今期末予想1,500－納税額200（※当期利益（税引前）
  500×40％）＝1,300百万円
- 土地・建物　　：今期末予想4,200－遊休土地売却（簿価）2,000＝2,200
  百万円
- 機械装置　　　：今期末予想5,200＋設備投資2,000＝7,200百万円
- 短期借入金　　：今期末予想6,600－債権放棄1,000－DES1,700＝3,900
  百万円
- 資本金　　　　：今期末予想3,900＋DES1,700＝5,600百万円
- 繰越利益剰余金：今期末予想▲4,000＋300（前問より）＝▲3,700百万円
  ※前問より、ケース②を実施した場合の当期利益（税引前）は500百万円

経営改善策を実施しない場合、ケース①を実施した場合、ケース②を実施した

場合、それぞれの財務指標等は、以下のとおりである。

財務指標	ケース	計算式
自己資本比率	現状	純資産÷負債・純資産合計×100 =▲100÷15,800×100=▲0.6329··· =▲0.63%
	ケース①	1,400÷17,800×100=7.8651··· =7.87%（⑦）
	ケース②	1,900÷15,100×100=12.5827··· =12.58%（①）
流動比率	現状	流動資産÷流動負債×100 =5,900÷8,600×100=68.6046···%=68.60%
	ケース①	同上（⑦）
	ケース②	5,700÷5,900×100=96.6101···%=96.61%（①）
固定長期適合率	現状	固定資産÷（固定負債＋純資産）×100 =9,900÷（7,300－100）×100 =137.50%
	ケース①	11,900÷（7,800＋1,400）×100 =129.3478···%=129.35%（⑦）
	ケース②	9,400÷（7,300＋1,900）×100 =102.1739···%=102.17%（⑦）

● 解 答 ●

〈答〉 ⑦ 7.87%　　① 12.58%　　⑦ 68.60%　　① 96.61%
⑦ 129.35%　　⑦ 102.17%

《問3》《問1》の経営改善策のケース①とケース②の対比に関する次の
記述1）～2）について、適切なものには○印を、不適切なものに
は×印を記入し、その理由を簡潔に述べなさい。

1）ケース①を実施した場合、Z社の短期借入金は所要運転資金を上
回ったままであるが、ケース②を実施した場合、Z社の短期借入金
は所要運転資金の範囲内まで減少する。

2）ケース①とケース②のいずれの経営改善策を実施した場合であって
も、Z社の長期的安全性は、更なる改善を要する水準である。

・解　説・

1 ）問 2 の解説を参照。 Z 社の所要運転資金は2,200百万円であり（下表を参
照）、経営改善策の実施による変化は生じない。ケース①を実施した場
合、所要運転資金、短期借入金、現金・預金に変化が生じることはなく、
短期借入金6,600百万円は、所要運転資金2,200百万円を大きく上回ったま
まである。ケース②を実施した場合も、短期借入金3,900百万円は、所要
運転資金2,200百万円を上回ったままである。

財務指標	ケース	計算式
所要運転 資金	現状	受取手形・売掛金＋棚卸資産－支払手形・買掛金 ＝ 2,900 ＋ 1,200 － 1,900 ＝ 2,200 百万円
	ケース①	同上
	ケース②	同上

2 ）問 2 の解説を参照。ケース①、ケース②のいずれの経営改善策を実施して
も、 Z 社の短期借入金は所要運転資金を上回っており、流動比率（100％
未満）、固定長期適合率（100％超）ともに、更なる改善を要する水準にあ
る。つまり、 Z 社は、固定資産の取得を短期借入金で賄っている状況にあ
り、短期的安全性、長期的安全性ともにも問題がある。そのため、 Z 社
は、短期借入金の一部を長期シフトすること等を取引銀行に対して申し入
れることを検討する必要がある。

・解答例・

1 ）×

ケース②を実施した場合の短期借入金3,900百万円は所要運転資金2,200
百万円を上回る。

2 ）○

ケース①、ケース②のいずれの経営改善策を実施しても、 Z 社の固定長期
適合率は100％を超えており、更なる改善を要する水準にある。

5－6　私的整理・法的整理、中小企業活性化協議会、経営者保証
　　　 ガイドライン

◆次の設例に基づいて、以下の各問に答えなさい。

──── 設 例 ────

　X社（概要は下記参照）は、創業以来順調に業績を伸ばしてきたが、主たる販売先であったY社の事業撤退に伴い、業績が急激に悪化しており、現在、資金繰りに窮し、取引金融機関による支援が不可欠な状況となっている。
〈X社の概要〉
・非上場の株式会社
・業種：精密機械部品製造業

《問1》X社は、私的整理と法的整理を比較検討している。私的整理および法的整理に関する次の記述のうち、最も不適切なものはどれか。

1）私的整理は当事者間の合意に基づき実施されるため、X社が私的整理を成立させるためには、対象となるX社の取引金融機関から個別の同意を得る必要がある。

2）事業再生ADRを利用した私的整理において、X社と特定認証紛争解決事業者が連名により発出した一時停止通知は、債権者による相殺や差押え等の個別執行を禁止する法的拘束力を有する。

3）法的整理による手続において、法定の要件を満たした多数決の結果は、当該結果に反対する少数債権者に対してもそれを強制する法的拘束力を有する。

4）法的整理においては、金融債権のみならず一般商取引債権についても棚上げ・カットの対象となるため、取引先から取引の継続を拒絶される場合がある。

● 解説と解答 ●

1）適切である。

2）不適切である。法的整理の場合には差押え等の個別執行を中止させることができるが、事業再生ADR等の私的整理手続における一時停止通知は法

的拘束力を有するものではなく、債権者による個別執行を法的に禁止することはできない。

3）適切である（民事再生法172条の3第1項、会社更生法196条5項）。

4）適切である。

正解　2）

《問2》X社は、中小企業活性化協議会の支援を受けることも検討している。中小企業活性化協議会の事業再生支援に関する次の記述のうち、最も適切なものはどれか。

1）中小企業活性化協議会は、事業再生支援を行う際に、リスケジュールやDDS、債権放棄（DESを含む）等のほか、第二会社方式を活用することができる。

2）中小企業活性化協議会が再生支援（第二次対応）を行うことが適当であると判断した場合には、相談企業の承諾を得ることなく、当該企業の主要債権者（対象債権者のうち、相談企業に対する債権額が上位のシェアを占める債権者）に対し、財務および事業の状況ならびに再生可能性を説明し、主要債権者の意向を確認し、方針を決定する。

3）中小企業活性化協議会による再生支援において、協議会の統括責任者と債務者の連名で対象債権者に対して発信された「返済猶予の要請」は、対象債権者を同要請に従わせる法的強制力を有する。

4）中小企業活性化協議会を利用するスキームにおける再生計画は、その成立後最初に到来する事業年度開始の日からおおむね5年以内を目処に黒字転換すること、7年以内を目処に実質的債務超過を解消すること等を目指して策定される。

・解説と解答・

1）適切である。なお、「第二会社方式」とは、新会社を設立し、再生させるべき部分の事業を譲渡し、旧会社は（法的）清算を行うことにより過剰債務の処理等を実施して再生させる手法である。

2）不適切である。再生支援を行うことが適当であると判断した場合には、相談企業の承諾を得たうえで、主要債権者（対象債権者のうち、相談企業に

160

対する債権額が上位のシェアを占める債権者）に対し、財務および事業の状況ならびに再生可能性を説明し、主要債権者の意向を確認する（中小企業活性化協議会実施基本要領別冊2　2 -(2)）。

3）不適切である。協議会スキーム（同実施基本要領別冊2「再生支援実施要領」に定められた手順に準拠して実施する私的整理）では、対象債権者に『一時停止』の通知はなされないが、私的整理手続の遂行に際し、債務者（相談企業）の資金繰り等の事情から必要性が認められる場合には、統括責任者と債務者の連名で書面等によりすべての対象債権者に対して、元本または元利金の返済の停止や猶予を求める『返済猶予の要請』や対象債権者の個別的権利行使や債権保全措置等の差し控えの要請を行うことがある（同実施基本要領別冊2　再生支援実施要領Q＆A　Q21）。その内容に法律的な強制力はないが、対象債権者は、この要請について誠実に対応するものとされている。

なお、法人税法第25条第3項および第33条第4項（2005年度税制改正によるいわゆる資産評価損益の計上）ならびに同法第59条第2項（同改正によるいわゆる期限切れ欠損金の優先利用）の適用を受ける再生計画を策定する場合は、同基本要領別冊2に定められた手順ではなく、同基本要領別冊3の「中小企業再生支援スキーム」に定められた手順に従う必要があるが（同実施基本要領別冊2　再生支援実施要領Q＆A　Q7）、同スキームでは、『返済猶予の要請』とは異なり、「私的整理手続に関するガイドライン」と同様に『一時停止』の通知がなされることとされている（同基本要領別冊3、同基本要領別冊2　再生支援実施要領Q＆A　Q21）。

4）不適切である。中小企業活性化協議会を利用するスキームにおける再生計画は、その成立後最初に到来する事業年度開始の日からおおむね3年以内を目処に黒字転換すること、5年以内を目処に実質的な債務超過を解消すること、再生計画の終了年度（原則として実質的な債務超過を解消する年度）における有利子負債の対キャッシュフロー比率が概ね10倍以下となる内容とする（中小企業活性化協議会実施基本要領　別冊2　2 -(5)）。

正解　1）

《問3》 Ｘ社の代表取締役Ａは、Ｘ社の取引金融機関からの借入金債務を連帯保証しており、経営者保証ガイドラインによる保証債務の整理も検討している。経営者保証ガイドラインによる保証債務の整理に関する次の記述のうち、最も適切なものはどれか。

1）経営者保証ガイドラインに基づき保証債務の整理を行う場合、経営者たる保証人の自宅等については、保証債務履行時の残存資産に含めることができない。

2）経営者保証ガイドラインには法的拘束力はなく、金融機関は、経営者保証ガイドラインに違反したとしても、業務改善命令等の対象となることはない。

3）主たる債務について中小企業活性化協議会の支援を受けて債務整理手続を行っている場合、保証債務の整理についても、原則として、当該債務整理手続を利用し、主たる債務と保証債務の一体整理を図るよう努めることとされる。

4）経営者保証ガイドラインによる債務整理を行った保証人については、当該保証人が債務整理を行った事実その他の債務整理に関連する情報が、金融機関により、信用情報登録機関に報告され、その旨の登録が行われる。

・解説と解答・

1）不適切である。華美でない自宅等については、保証債務履行時の残存資産に含めることができる可能性がある（「経営者保証に関するガイドライン」Q＆A　Q7－14）。

2）不適切である。金融庁は、「中小・地域金融機関向けの総合的な監督指針Ⅱ－10－3」において、経営者保証ガイドラインを尊重・遵守するための具体的な着眼点を示し、その取組状況や取組態勢が不十分な場合には、報告徴収や業務改善命令を発出する可能性も示唆している。

3）適切である。経営者保証ガイドラインにおいては、主たる債務の整理について準則型私的整理手続を利用する場合、保証債務の整理についても原則として準則型私的整理手続を利用し、主たる債務との一体整理を図るよう努めるものとされている（経営者保証に関するガイドラインP9）。

4）不適切である。経営者保証ガイドラインによる債務整理を行った保証人に

ついて、対象債権者は、当該保証人が債務整理を行った事実その他の債務
整理に関連する情報（代位弁済に関する情報を含む）を、信用情報登録機
関に報告、登録しないこととされている（経営者保証に関するガイドライ
ンP14)。

正解　3）

5－7　事業価値

◆次の設例に基づいて、以下の各問に答えなさい。

─── 設　例 ───

　X 銀行 Y 支店において、中小企業の事業再生に関する勉強会を行った。勉強会のテーマは、以下の 3 点である。
① 中小企業において財務情報の開示が十分になされない背景およびそれに伴う金融機関の役割・対応等
② 再生支援対象企業となる中小企業について、経営実態を把握する際の留意点
③ 中小企業の事業評価において、キャッシュフローをみる際に用いられる指標にはどのようなものがあるか、および各指標の関係性

《問 1》中小企業において財務情報の開示が十分になされない背景と、こうした状況における金融機関の役割・対応等に関する次の記述のうち、最も不適切なものはどれか。
1 ）中小企業における財務情報の開示が限定的となっている背景には、中小企業の多くは同族経営であり、株主の立場から経営者を牽制する機能が働きにくいというガバナンス上の特徴があると考えられる。
2 ）中小企業の経営においては、代表者の意思決定への依存度が高く、経営の補佐役（管理業務を担う役職員）が存在しないケースが多い。このような中小企業では、情報開示を拡充することに対するインセンティブが働きにくいと考えられる。
3 ）メインバンクは、融資先としての中小企業の実態をよく知り得る立場にあることから、当該中小企業の経営者の補佐役としての機能、経営判断に対する債権者としての牽制機能を担う必要があると考えられる。
4 ）中小企業向けのシンジケートローンを組成して債権者間で財務情報を共有化することによって、中小企業に対して上場企業や大企業と同等の情報開示が求められることとなり、中小企業における財務情報の開示が不十分であることに起因する問題は解消される。

164

・解説と解答・

1） 適切である。
2） 適切である。
3） 適切である。
4） 不適切である。シンジケートローンを組成して債権者間で財務情報を共有化することによって、外部から経営状態をモニタリングすることが一定程度可能となることは確かであるが、中小企業に対して上場企業や大企業と同等の情報開示が求められるものではなく、中小企業における財務情報の開示が不十分であることに起因する問題が解消されるとは考えられない。また、シンジケートローンを組成するためには、一定程度以上の借入総額（通常は10億円程度以上）が必要とされるため、中小企業向けのシンジケートローンの組成は一般的ではない。　　　　　　　　　　　正解　4）

《問2》財務情報に制約のある中小企業（再生支援対象企業）の経営実態を第三者が把握しようとするときの留意点に関する次の記述のうち、最も不適切なものはどれか。
1） 再生支援対象企業の貸借対照表上の各勘定の時価を算定し、時価ベースの資産・負債の状況を把握したうえで、時価ベースの実質的な純資産額を確認する必要がある。
2） 時価ベースの売上債権や在庫の価値を把握するためには、個別の勘定明細を使用せずに、業界平均値を使用して推定することが有効かつ効率的である。
3） 再生支援対象企業の資金繰り計画を策定する際には、数カ月程度の短期的な資金繰り計画を策定したうえで、マイルストーンを達成する都度、資金繰り計画を更新する手法を検討することが望ましい。
4） 継続可能な事業として再生させるためには、経常収支をプラスとすることを目指した再生計画を策定し、実行する必要がある。

・解説と解答・

1） 適切である。
2） 不適切である。売上債権、在庫については、勘定明細を入手し、勘定明細

に基づいて時価ベースの価値を算定・把握する必要がある。比較の対象として「業界平均値」「自社の業績ピーク時の売上高構成比」「直接に競合するライバル会社の財務指標」等を使用することは否定されるべきものではないが、副次的な利用にとどめるべきである。
3 ）適切である。財務情報に制約のある中小企業については、遠い将来の資金繰り計画の信頼性が欠ける場合がある。このため、必要に応じて、選択肢に記載された手法を採択することも有用である。
4 ）適切である。　　　　　　　　　　　　　　　　　　　　　　<u>正解　2 ）</u>

《問 3 》中小企業の事業評価においては、キャッシュフローに関する指標として、EBITDA（利払前税引前償却前利益）やFCF（フリーキャッシュフロー）が使用される場合がある。①営業利益とEBITDAの関係（営業利益からEBITDAを算出する手順）、②EBITDAが中小企業の事業評価において有用とされる理由、③EBITDAとFCFの関係（EBITDAからFCFを算出する手順）について、簡潔に述べなさい。

・解答例・

① 営業利益とEBITDAの関係（営業利益からEBITDAを算出する手順）
　<u>EBITDAは、営業利益に経常的項目の調整分を加減した後、減価償却費等の非現金支出を加算して（足し戻して）算出される。</u>
② EBITDAが中小企業の事業評価において有用とされる理由
　<u>EBITDAは、キャッシュフローベースの営業利益を表している。EBITDAは、資金調達に伴う支払利息や、減価償却費および税金を支払う前の段階で事業が生み出したキャッシュを意味するものであり、一般に、資本構成や会計処理方法の違いによる影響を排除した企業の収益力を把握する総合的指標とされている。特に、税務上の観点からの決算調整が行われることが少なくない中小企業の財務情報から実態的な収益力を把握するためには、EBITDAが有用と考えられる。</u>
③ EBITDAとFCFの関係（EBITDAからFCFを算出する手順）
　<u>EBITDAから、支払税金相当額、運転資本への純投資額（運転資本の純増額）および設備投資支出を差し引いたものがFCFである。</u>

2024年度　金融業務能力検定

等級	試験種目		受験予約 開始日	配信開始日 （通年実施）	受験手数料 （税込）
IV	金融業務4級　実務コース		受付中	配信中	4,400 円
III	金融業務3級　預金コース		受付中	配信中	5,500 円
	金融業務3級　融資コース		受付中	配信中	5,500 円
	金融業務3級　法務コース		受付中	配信中	5,500 円
	金融業務3級　財務コース		受付中	配信中	5,500 円
	金融業務3級　税務コース		受付中	配信中	5,500 円
	金融業務3級　事業性評価コース		受付中	配信中	5,500 円
	金融業務3級　事業承継・M＆Aコース		受付中	配信中	5,500 円
	金融業務3級　リース取引コース		受付中	配信中	5,500 円
	金融業務3級　DX（デジタルトランスフォーメーション）コース		受付中	配信中	5,500 円
	金融業務3級　シニアライフ・相続コース		受付中	配信中	5,500 円
	金融業務3級　個人型DC（iDeCo）コース		受付中	配信中	5,500 円
	金融業務3級　シニア対応銀行実務コース		受付中	配信中	5,500 円
	金融業務3級　顧客本位の業務運営コース		－	上期配信	5,500 円
II	金融業務2級　預金コース		受付中	配信中	7,700 円
	金融業務2級　融資コース		受付中	配信中	7,700 円
	金融業務2級　法務コース		受付中	配信中	7,700 円
	金融業務2級　財務コース		受付中	配信中	7,700 円
	金融業務2級　税務コース		受付中	配信中	7,700 円
	金融業務2級　事業再生コース		受付中	配信中	11,000 円
	金融業務2級　事業承継・M＆Aコース		受付中	配信中	7,700 円
	金融業務2級　資産承継コース		受付中	配信中	7,700 円
	金融業務2級　ポートフォリオ・コンサルティングコース		受付中	配信中	7,700 円
	DCプランナー2級		受付中	配信中	7,700 円
I	DCプランナー1級（※）	A分野（年金・退職給付制度等）	受付中	配信中	5,500 円
		B分野（確定拠出年金制度）	受付中	配信中	5,500 円
		C分野（老後資産形成マネジメント）	受付中	配信中	5,500 円
－	コンプライアンス・オフィサー・銀行コース		受付中	配信中	5,500 円
	コンプライアンス・オフィサー・生命保険コース		受付中	配信中	5,500 円
	個人情報保護オフィサー・銀行コース		受付中	配信中	5,500 円
	個人情報保護オフィサー・生命保険コース		受付中	配信中	5,500 円
	マイナンバー保護オフィサー		受付中	配信中	5,500 円
	AML／CFTスタンダードコース		受付中	配信中	5,500 円

※　DCプランナー1級は、A分野・B分野・C分野の3つの試験すべてに合格した時点で、DCプランナー1級の合格者となります。

2024年度　サステナビリティ検定

等級	試験種目	受験予約 開始日	配信開始日 （通年実施）	受験手数料 （税込）
–	SDGs・ESGベーシック	受付中	配信中	4,400 円
–	サステナビリティ・オフィサー	受付中	配信中	6,050 円

2024年度版
金融業務2級　事業再生コース試験問題集

2024年3月13日　第1刷発行

編　者　一般社団法人金融財政事情研究会

検定センター

発行者　　　　　　　　　　加藤　一浩

〒160-8519　東京都新宿区南元町19

発 行 所　一般社団法人　金融財政事情研究会
販 売 受 付　TEL 03(3358)2891　FAX 03(3358)0037
URL：https://www.kinzai.jp

本書の内容に関するお問合せは、書籍名およびご連絡先を明記のうえ、FAXでお願いいたします。　　　　　　　　　　お問合せ先　FAX 03(3359)3343
本書に訂正等がある場合には、下記ウェブサイトに掲載いたします。
https://www.kinzai.jp/seigo/

ISBN978-4-322-14416-1